新时代人才培养与托育服务
高质量发展研究

李　伟◎著

汕頭大學出版社

图书在版编目（CIP）数据

新时代人才培养与托育服务高质量发展研究 / 李伟
著. -- 汕头 ： 汕头大学出版社，2024. 7. -- ISBN 978-
7-5658-5342-5

Ⅰ. G61

中国国家版本馆 CIP 数据核字第 2024T2D164 号

新时代人才培养与托育服务高质量发展研究
XINSHIDAI RENCAI PEIYANG YU TUOYU FUWU GAOZHILIANG FAZHAN YANJIU

作　　者：李　伟
责任编辑：黄洁玲
责任技编：黄东生
封面设计：瑞天书刊
出版发行：汕头大学出版社
　　　　　广东省汕头市大学路 243 号汕头大学校园内　邮政编码：515063
电　　话：0754-82904613
印　　刷：廊坊市海涛印刷有限公司
开　　本：710 mm×1000 mm　1/16
印　　张：13
字　　数：200 千字
版　　次：2024 年 7 月第 1 版
印　　次：2024 年 7 月第 1 次印刷
定　　价：68.00 元
ISBN 978-7-5658-5342-5

前　言

随着社会的进步和经济的发展，人才培养与托育服务已经成为国家发展的重要组成部分。在这个时代背景下，我们需要关注人才培养和托育服务的高质量发展，以适应新时代的挑战和需求。

托育服务是儿童早期发展的重要保障，它为儿童提供了一个安全、健康、充满爱的成长环境。托育服务的质量直接关系到儿童的身心健康和未来发展，因此我们必须重视托育服务的高质量发展。

人才培养是新时代的重要任务之一。新时代的人才培养需要关注人才的全面素质和能力，包括知识、技能、品德、创新等多个方面。只有具备了这些素质和能力，人才才能适应新时代的发展需求，为国家和社会做出更大的贡献。

托育服务和人才培养之间有着紧密的联系。托育服务可以为儿童提供早期的教育和照顾，帮助他们打下良好的基础，为未来的学习和发展做好准备。而高质量的托育服务可以促进儿童的身心发展，提高他们的学习能力和社会适应能力，从而有助于人才培养。

本书旨在探讨新时代人才培养与托育服务高质量发展的关系和作用。我们将从托育服务的定义、历史、发展现状及存在的问题入手，阐述托育服务在儿童健康成长中的重要性。同时，我们还将介绍新时代人才培养的背景和意义，以及人才培养的方法和路径，阐明人才的重要性在经济发展中的作用。在此基础上，我们将深入探讨托育服务与人才培养之间的联系，分析人才培养与人才激励对托育服务高质量发展的重要作用和意义，以及如何更好地发挥人才激励的作用推动托育服务质量的提升。最后，我们将总结全书的主要研究成果，强调人才培养和托育服务高质量发展的重要性和必要性，并展望未来可能的进展和成就。

　　本书系 2023 年度河北省社会科学发展研究课题《新时代人口发展战略背景下加快推进我省托育服务发展研究》成果（课题编号：20230205131）。通过本书的研究，我们希望为政策制定者、教育工作者、托育机构、家长提供有关托育服务和人才培养的新思路和方法，为建设更加完善的托育服务体系、提高人才培养质量作出贡献，以促进儿童的健康成长，为国家培养更多具备创新精神和实践能力的高素质人才，进而更好地满足新时代的需求，实现国家的繁荣和社会的进步。

目　录

第一章　导论

第一节　研究背景和意义

一、研究背景

众所周知，人才是一个国家、一个地方的核心竞争力，是推动科技进步和教育发展的基本力量，是推进经济社会发展的重要因素，是党和国家、人民事业兴旺发达的根本大计，是全面建成小康社会、夺取新时代中国特色社会主义伟大胜利、实现中华民族伟大复兴的重要支持力量。离开人才，国家和民族的进步、科技与创新的发展都会成为无源之水、无本之木。"十年树木，百年树人"，对人才培养的投入，是收益最大的投入。在新时代背景下，在全球经济正经历深刻变革的今天，教育水平已经是一个国家是否强大的最重要的依据。百年大计，教育为本。一个国家有没有发展潜力看的是教育，这个国家富不富强看的也是教育。无论在什么时代，教育对国家所起的作用都是巨大的。而作为教育基础之基础，专注于0～3岁婴幼儿早期教育的托育服务更是重中之重。

托育服务和早期教育对儿童的成长和发展至关重要。基于未来效果性和人才发展的战略眼光，要培养出20年以后的杰出人才，只有从婴幼儿抓起才能真正实现，今天的托育服务不仅培养着今天的儿童，更重要的是在培养20年后的杰出人才。在对近年来的研究文献进行梳理发现，很多专家学者在托育服务的需求状况、供给状况、供需矛盾及其原因、供需矛盾的破解之道及中国特色婴幼儿托育服务体系构建等方面进行了比较深入的研究和探讨，取得了较为丰硕的成果，但在研究方法、研究视角及研究内容等方面仍有改进和深化的空间。因此，本书从人才培养和激励视角对该问题进行理论探讨、实证研究，并在托育服务运行机制、保障基础等内容方面深化研究，借鉴国外人才培养模式，对托育服务人才的培养和激励推出建设性意见，以推动"幼有所育""幼有好育"目标的实现，增进婴幼儿及其家庭的福祉，加快推动人口红利向人才红利的转变，为国家储备人才奠定基础。

二、重要意义

新时代人才培养与托育服务高质量发展的研究背景复杂而多元，涉及政治、社会、经济和文化等多个领域，对于社会的未来发展至关重要。具体包括以下几个方面。

1.应对社会经济环境的重大变革

在新时代，社会经济结构和需求正在发生深刻变革，科技进步、全球化等因素对劳动力市场和人才需求造成了巨大影响。因此，人才培养需要与时俱进，以适应新的产业和职业要求。研究这一领域有助于更好地理解并应对这些挑战，以确保国家和社会能够适应快速变化的环境，并为未来提供有竞争力的人才。

2.缓解人才短缺和结构性失业

随着经济的高速发展和市场竞争的日趋激烈，很多领域都存在着高技能人才的短缺，同时也存在结构性失业问题，即部分人才无法满足市场需求。这使得高质量人才培养变得尤为紧迫，而托育服务是提升未来人力资本水平的前瞻之策，托育的重点不仅在于"托"，更重要的是"育"，发展托育服务的重要目标和任务是加强幼儿早期开发，为下一代人力资本积累奠定关键基础，为未来中国经济社会高质量发展提供关键支撑。

3.推动实现"家庭—工作"的协调

家庭结构变化和女性就业率的增加导致了对托育服务的更高需求。在新时代，如何提供高质量的托育服务，以便家庭能够更好地平衡工作和生活，是一个迫切的问题。而发展托育服务能够解放生产力，鼓励女性积极参与劳动力市场，推动实现"家庭—工作"的协调。正如世界银行研究报告所提倡的，投资更大范围、更高质量的育儿照护是一个国家寻求人力资本积累和经济转型的重要战略选择，将带来女性就业和生产率提升、高质量儿童发展、家庭服务、全社会经济增长和生产率提升的可观收益。

4.促进教育和社会公平

高质量的人才培养和托育服务是实现社会公平的重要因素。如果只有一部分家庭能够获得高质量的教育和托育服务，将导致社会分化和不平等的加剧。因此，研究如何提供平等的教育和托育机会对社会具有广泛意义。

5.积极应对人口老龄化的根本之道

中国正处于人口结构加快转型时期，预计"十四五"时期中国将进入中度老龄化阶段。构建0~3岁婴幼儿托育服务体系、提高托育服务质量是促进人口长期均衡发展、积极应对人口老龄化的重要举措。通过发展托育服务降低生育和养育成本，立足于长远释放生育潜力、保持稳定的生育率水平，老龄化问题的终极答案是中华民族的伟大传承和繁荣延续。

6.推动人口红利向人才红利转变的必要支撑

生育政策的调整，无论是从国家人口发展战略的高度出发，还是从家庭长期发展能力建设的微观福祉出发，都须以"人"为中心，既要注重对现有人力资源的开发（释放女性劳动力红利），也要关注未来潜在人力资源的培育（婴幼儿培养）。托育服务体系的建立，除在正规机构给婴幼儿提供科学养育和智力启蒙外，还可以为家庭育儿提供指导，提升家长的育儿知识与能力。从起点关注未来人才的身心健康发展，为下一代的成长创造良好环境。这将有助于改善人口的健康资本和智力资本，为民族振兴提供人才保障。

7.提高国际竞争力

全球化使市场竞争更加激烈，人才的国际竞争力对国家的经济和社会繁荣至关重要。国家的国际竞争力在很大程度上依赖于其人才储备和创新能力。高质量的人才培养和托育服务可以增强国家的竞争力，促进社会和经济的可持续发展。

综上所述，新时代人才培养与托育服务高质量发展在于帮助社会更好地应对变革、满足劳动力市场需求、促进社会公平、提高国家竞争力，以及提供家庭所需的支持和服务。这是一个综合性、紧迫性的研究领域，对社会的发展和进步具有重要影响。

三、研究目标

本书立足于人才培养和人才激励的理论研究及重大举措，从儿童早期发展与人力资本积累入手，利用全国人口与家庭动态监测调查数据，观察目前中国托育服务现状，分析家庭0～3岁幼儿托育服务需求特征，了解当前家庭养育与生育支持的政策诉求和供给短板，利用经济合作与发展组织（OECD）国家家庭政策与发展数据，评估主要发达国家托育服务政策和措施的实际效果，提出符合中国国情的0～3岁幼儿托育服务体系的构建，需以托育服务人才的培养与激励为抓手，推动托育服务的高质量发展。

今天的儿童是未来国力增强和繁荣富强的中坚力量，是综合国力竞争的人才资源。儿童期是生理、心理发展的关键时期，与时俱进，培养和造就适应新时代发展需要的高素质人才，必须从儿童早期做起，为儿童成长提供必要条件，给予儿童特殊的保护、关爱和正确的教育，为儿童一生的发展奠定良好基础，并为全球化竞争储备人才。

第二节　研究方法与数据来源

一、研究方法

1.文献研究法

文献研究法是在确定某一研究题目的基础上,搜集大量的相关文献和资料,并对文献进行整理概括的方法。文献研究法主要包括两部分:第一部分是学术文献研究,国内外学者对人才培养和激励相关理论、儿童早期发展相关理论等进行了广泛的、多学科的研究,已产生丰富成果,这些已有研究是本书的研究起点。通过对不同领域、不同主体文献资料的深入分析、思考,为确立研究思路、方向、框架提供了重要参考。第二部分是政策文献研究,在人才培养和激励、儿童早期照顾规范性需求的研究中,尤其关于不同时期政府对于儿童早期照顾的需求界定、政策目标等,对儿童早期照顾相关的政策文本进行分析是研究重点之一。

2.比较研究法

比较研究法是一种通过比较不同地区、国家、群体或时间段之间的差异和相似性来分析问题的方法。在这个课题中,主要通过收集各个比较对象的相关数据,包括政策文件、统计数据、调查结果等信息,深入分析、探讨不同地区或国家在人才培养和托育服务领域的政策、实践和效果等方面的异同,基于比较研究的结论,提出政策建议和实践建议,以改进人才培养和托育服务的质量和效果,为政策制定者和实践者提供有用的参考和指导,避免重复已有的不成功实践。此外,通过比较研究,还可以更全面地理解这一课题的多维度复杂性,为问题的解决提供多维度的视角。

3.归纳总结法

本研究围绕新时代人才培养和托育服务高质量发展问题,在对相关人才发展背景、国内托育服务发展概况等进行分析和归纳的基础上,总结出人才培养、托育服务高质量发展的有利因素和不利因素、机遇和挑战，提出相应的发展路径，并将研究拓展至托育服务人才培养和激励上，运用现有的相关资料进行分析，用归纳总结法进行概括总结，得出富有参考性的意见和建议，供相关部门或研究人员提供参考。

二、数据来源

本书使用具有全国代表性的微观调查数据和口径一致的国别数据，利用应用经济学分析方法开展实证研究。微观调查数据来自国家卫生健康委员会《2019 年全国人口与家庭动态监测调查》，调查时间为 2019 年 12 月，调查对象为截至 2019 年 11 月 1 日零时 15～49 周岁的女性，即 1969 年 11 月 1 日至 2004 年 10 月 31 日出生的女性，调查覆盖全国 31 个省（自治区、直辖市）的约 60000 名女性。从城乡和区域分布来看，村委会样本占 57.5%，居委会样本占 42.5%，东部、中部、西部和东北地区样本分别占 28.3%、26.7%、34.3% 和 10.7%。调查内容涉及被调查女性个人和家庭信息、子女养育教育情况、劳动就业与生育意愿等信息。按照调查时点 2019 年 12 月计算，全部样本中母亲平均年龄为 37.5 岁，在学历结构中，小学及以下占 23.1%，初中和高中分别占 38.5% 和 15.4%，大专占 12.3%，本科及以上占 10.7%。有 0～3 岁子女的样本为 10982 个，母亲平均年龄为 31.3 岁，小学及以下学历占 8.3%，大专学历占 17.7%，本科及以上学历占 17.0%，平均现有孩子数为 1.82 个。

本书主要分析对象是调查时尚未满入幼儿园年龄条件的孩子，即 2016 年 9 月以后出生的儿童，截至 2019 年 12 月调查时，这些孩子的年龄为 0～39 个月（0～3.25 岁），符合这一条件的共 11768 名儿童，男孩占 52.48%，涉及 10982 户家庭，这些家庭是托育服务的潜在需求者，本书统一将其称之为 0～3 岁儿童。OECD 统计口径为 0～2 岁幼儿，即 3 岁以下（不到 3 岁）幼儿的入托率，与中国 0～3 岁婴幼儿统计口径存在一定差异。

第二章　新时代人才培养概论

第一节　核心概念解析

一、人才概念的起源与发展

人才概念源远流长，历史悠久，自古就有之。不同的时代、不同的情境下，人才的定义和内涵都有所不同，因为社会文化、价值观念和环境等因素会影响人们对人才的理解、需求和期望。这也与人才的价值特征密切相关，因为人才的价值和贡献通常是在特定的情境中产生和发挥作用的，脱离了人才作用的情境谈人才，很难明确人才评判标准。因此，要全面理解人才概念，我们需要考虑其历史演变和受特定情境影响的方面，这可以借鉴历史唯物主义的观点。

尧、舜、禹时期，禹以天下为己任，无私之心，率领百姓治理水患，促进生产发展，因功而受舜的禅让，成为夏朝的第一位君主。尽管当时没有明确的"人才"概念，但人们已经形成了特定的价值标准来选拔人才，这包括品德、勤奋和功绩等。禹的公而忘私和坚韧不拔的意志，恰好满足了当时需要解决的"洪水泛滥，亟需治水"的情境，因此被视为人才。

夏商周以后，特别是春秋战国时期，生产力进一步发展，国君设立了众多职位来分管各个领域。对人才的评价标准包括了"德"和"能"两个方面，"德"涵盖了"贤"和"圣"等概念，而"能"则包括了"文"和"武"等。

人们根据"德"和"能"的表现，将人分为不同等级，如"圣人：才德兼备""愚人：才德皆无""君子：德胜才""小人：才胜德"等。此时，工作职能的划分，如"文臣"和"武将"的区分，增加了对人才评价的要素，人才是否与其职能"匹配"成为关键考虑因素。

先秦时期，人们对人才的认知和评价也受到了诸子百家思想的影响。儒家强调道德价值观，例如忠孝、仁义等，成为衡量人才的重要标准。

两汉时期，西汉汉武帝采取了察举制作为官员选拔标准，以德和才作为人才选拔依据，以孝廉为重要考察科目，即"举孝廉"。这一时期的人才内涵中进一步融入了"孝"和"廉"的内容。同时，儒家思想在这一时期得到了广泛推行，逐渐成为封建统治的正统思想。在"修身、齐家、治国、平天下"和"学而优则仕"的思想影响下，人们对"人才"的认识也在逐步发生一些新的变化，开始更直接地阐述"才"的概念。

东汉时期，思想家王充在《论衡·累害篇》中提到："人才高下，不能钧同"，这是对"人才"概念的最早表述之一。在这里，"人才"概念更多地指代一种才能，表明人的才能存在高低差异。思想家王符在《潜夫论》中进一步阐述了"举贤"中"贤"的内涵，包括恕、平、恭、守等四个方面，即宽厚待人、公允正直、谦虚恭敬、守纪守法等特质，这被视为"真贤"的特征。

三国时期，社会思潮发生了转变，儒家思想开始衰落，儒、道、名、法等不同思想流派开始竞相兴起，同时呈现出一种合流趋势。由于各路诸侯竞相争夺势力范围和统一国家，谋士和武将成为争夺的焦点。因此，这一时期涌现出众多人才，谋士和武将如雨后春笋般出现，人们对人才的重视程度也达到了前所未有的高度，对于人才标准和分类的评判也有了深入探讨。

例如，刘劭在《人物志》中提出了一种识别和评价人才的方法，根据人的"才性""智勇"和"性格"来划分和评价人才。在"才性"方面，人才被分为"圣人、德行、偏材、依似、间杂"五个层次；在智勇关系方面，人才被分为英才型、雄才型和英雄兼备型；在性格方面，人才被分为勇敢、弘毅、通微、处理、贞固等不同类型。从刘劭的人才观中，我们不难看出，这一时期对人才概念的理解已经有多个方面和不同层次的考量，对人才的认识也更加全面和深刻。

魏晋南北朝时期，儒、玄、文、史、律、诸子、谱牒以及阴阳历算等各种学科都蓬勃发展，人们常常使用才子、良才、美才、奇才、才俊等词汇来称呼有特殊才能的人，对人才的定义变得更加宽泛，只要在某一领域有一定专长或者能够精通某一学科，都被视为一种人才。尤其值得一提的是，南北朝时期对人才的认定标准还包括了体格和相貌因素，文官需要具备俊美的外貌、优雅的言谈和得体的举止，而武将则需要身材高大、体格强健。这与今天人们对人才在体能、行为以及情商等方面的要求有异曲同工之妙。此外，在南北朝时期，人们更加强调人才的能力，对人才在德和能方面的要求中，更加重视他们的实际能力。

在唐宋元明清时期，科举制度的兴起和发展对人才观念产生了深远影响。各朝的科举考试内容、范围和形式在一定程度上反映了国家和整个社会对人才的标准。例如，在唐代，文举和武举的考试科目多达五十多种，包括经学、法令、书法、算术、进士、俊士等，这表明唐代对人才的选拔更加注重人的综合素质和能力。文举部分强调儒家经典和文化修养，侧重培养"创作诗赋的能力"，而武举则注重骑术和射击等能力。

宋朝时期，科举仍然看重"创作诗赋的能力"，但随着王安石变法，增加了"经义能力"的考核内容。然而，由于朝廷内部的派系斗争等因素的影响，不同阶段的考试对"诗赋能力"和"经义能力"偏重有所不同。这也反映出当时人们对人才标准的认定存在分歧，多从实用性和适宜领域来认定人才。

到了明清两朝，中央集权得到加强，科举制度更加倚重程朱理学观点，考试内容主要以《四书》《五经》为基础，考核方式变得更加僵化和格式化。这导致了人才内涵和范围的狭隘化，一些在其他领域有才能的人无法被认定为人才。例如，明代著名的医学家李时珍虽然在医学领域具有卓越才能，但三次参加科举考试而未成功，不失为一种遗憾。这一时期的科举制度变革和人才标准的多样化反映了社会的复杂性和对不同领域才能的需求。

进入近现代社会以来，伴随着社会动荡和各种变革，人们对人才的认知和要求也产生了较大的差异，同时也出现了一些新的突破。鸦片战争以后，有识之士主张"师夷长技以制夷"，"经世致用"即为人才，强调"志存高远、救国救民、学用结合"，这可以看作是对传统科举评价标准的一种批判和超越。与之相对应的，人们对于人才也提出了更高、更新的要求。例如，严复在《原强》中将人才定义为具备"力"（身体强健）、"智"（西方自然科学、哲学、社会科学和政治学知识）、"德"（自由、民主、平等精神）的人。随后，受三民主义思想的影响，蔡元培提出了包括军国民教育、实利主义教育、公民道德教育、世界观教育和美感教育在内的"五育"教育理念，要求人才具备军事知识和技能、职业技能、基本公民道德、健全的世界观和审美情趣，即现代社会所提倡的"德、智、体、美、劳"五个方面。

综上所述，从各个历史时期对于人才的认识来看，呈现出如下规律特点：

一是一定时期的人才概念是当时社会文化的一部分，集中反映了当时的社会价值取向，受其影响和制约。二是从纵向发展的角度看，人才概念逐渐从偏重"道德""品性"和"思想"等方面，逐步转向偏重"行为"和"能力"等方面，更加突出人才的"价值"和"贡献"，日趋实用性。三是人才概念可以分为"不变"和"变"两个部分。不变的部分包括人才的"德"和"能"等基本构成，以及一些核心价值观念，如社会道德和办事能力。变化的部分主要体现在"德"和"能"方面的具体表现和构成比例上，根据不同时代和背景，人才标准可能会有所调整。正是由于这些"变"，使得人才概念的时代特征更为明显。但无论如何变化，人才一直在中国具有重要地位。国家领导将"人才"视为国家发展的关键因素，而普通人也将"成为人才"作为毕生追求的目标。

二、人才概念的界定

（一）理论视角对人才概念的界定

围绕人才概念的界定，理论学者的讨论也一直没有停过。从 20 世纪 80 年代开始至今，学者们从人才基本素质、本质特征等诸多方面展开研究，提出了不同的看法。

20 世纪 80 年代初，《辞海》将人才定义为有才识学问的人或德才兼备的人。叶忠海（1983）认为人才是指那些在各种社会实践活动中具有一定的专门知识、较高的技能和能力，能够以自己的创造性劳动对认识、改造自然和社会进而对人类进步做出某种较大贡献的人。王康和王通讯（1987）将人才定义为创造能力强并能在社会生产中产生积极作用和较大影响的人。90 年代，王通讯、叶忠海（1990）等认为人才是在一定条件下，能以其创造性劳动，对社会或社会某方面的发展做出某种较大贡献的人。1996 年，现代汉语词典将人才界定为德才兼备的人或有某种特长的人。

进入 21 世纪以后，随着社会对人才关注程度的提高，有关人才的定义也相应增加。罗洪铁（2000）认为人才是指那些具有良好的内在素质，能够在一定条件下通过取得创造性劳动成果，对社会的进步和发展能产生较大影响的人。王通讯（2001）将人才表述为"为社会发展和人类进步进行创造性劳动，在某一领域、某一行业、某一工作上做出较大贡献的人"。张家建（2008）将人才定义为具有较高内在素质，在一定条件下进行具有创造性特征的劳动，为人的全面发展和社会进步作出了一定贡献的人。陈胜荣（2015）认为人才是指具有一定的专业知识或专业技能，进行创造性劳动并对社会作出贡献的人，是人力资源中能力和素质较高的劳动者。

综上所述，我们不难看出：虽然不同学者在人才的定义上存在一定的差异，但在核心内容上具有相似性，即人才的界定与素质、能力以及贡献密切相关。素质方面主要涉及内在素质，通常表现为高学历、高职称或丰富的学识等。能力方面体现为具备某种专业技能或专业特长。贡献方面则表现为能够通过创造性劳动、对个人或社会产生显著影响或做出重大贡献。这些共同特点反映了不同学者对人才概念界定的一致性和相关性。

（二）制度视角对人才概念的界定

除了学术界的理论探讨外，国家各级各部门也对人才进行了相关界定和解释，以便更好地管理各项人才工作，包括人才规划、人才政策制定和人才激励等。比如，1982 年的《国务院批转国家计划委员会关于制定长远规划工作安排的通知》中首次在官方文件中使用了"人才"的概念，并将人才标准界定为具有中专及其以上规定学历或具有技术员（或相当于技术员）及其以上专业技术职称的人员。这一标准在很长一段时间内被用作官方对人才的定义。

进入 21 世纪后，随着人才工作的深入推进，人才的定义发生了变化。例如，2003 年颁布的《中共中央、国务院关于进一步加强人才工作的决定》提出，党和国家需要的人才是那些具有一定知识或技能、能够进行创造性劳动，并为社会主义的物质文明、政治文明、精神文明、社会文明作出积极贡献的人。这一定义突破了过去只注重职称和学历的人才观念，强调了人才的核心特征，体现了以人为本、人才是第一资源、每个人都有成为人才的潜力的科学人才理念，对促进人才的健康发展具有重要意义。而在 2010 年颁布的《国家中长期人才发展规划纲要 2010—2020 年》中，将人才重新定义为具有一定的专业知识或专门技能、进行创造性劳动并对社会作出贡献的人，是人力资源中能力和素质较高的劳动者。这一新的定义进一步强调了人才的多样性和社会贡献，反映了人才观念的发展。

根据以上对人才概念的探讨，并结合理论和制度视角对其的研究解释，同时考虑到统计的可操作性，可以将人才定义为在经济社会转型发展时期，具备一定素质和能力（例如中等以上学历、初级以上职称和技能、基层以上管理职务、半年以上从业经验、获得一些荣誉成果等），符合社会主义核心价值观，有能力进行创造性劳动，并为社会做出贡献的各类人员。

这一定义突出了人才的核心特征，包括拥有一定的知识和技能、能够进行创造性劳动并为社会做出贡献。其中，知识和技能等素质被视为实现创造性劳动成果的前提和条件，而创造性劳动则是社会进步的主要推动力，社会贡献则是人才通过运用自身素质进行创造性劳动所取得的成果。人才的价值也在其产生创造性成果时得以体现。这三个要素相互关联，缺一不可。

三、人才高质量发展

通过文献检索，我们可以发现，以"人才高质量发展"为主题的研究非常有限，以"高质量人才"为主题的研究也相对较少，而更多的研究集中在人力资源质量方面。这种"质量"主要体现在个体方面，包括智力、体力、知识和技能等方面，通常分为身体健康和综合科学文化素质两个方面。

然而，"人力资源高质量"并不等同于"人才高质量"。首先，人才并不等同于人力资源，因为人力资源的范围更广泛，人才是人力资源的一种较高层次，并且人力资源不仅包括现实人力资源，还包括潜在人力资源。其次，"人力资源质量"更多地反映了一种相对静态的概念，是一种结果状态，是投资的结果。而"人才高质量发展"则更多地体现了一种相对动态的概念，既包括过程，也包括结果。

从外延上而言，人才高质量发展包括人才队伍的高质量发展、人才效能的高质量发展和人才环境的高质量发展。首先，人才队伍的高质量发展是人才高质量发展的核心，也是人才高质量发展的集中体现。人才队伍的高质量体现在多个方面，包括规模、门类、素质、结构等。其次，人才效能的高质量发展是人才高质量发展的最终结果。人才队伍的质量虽然重要，但最终要在实践中检验其对经济和社会的贡献和价值。人才效能反映了人才在某一领域的作用程度，是投入和产出关系的重要指标。最后，人才环境的高质量发展也至关重要。虽然它是外部因素，但它与人才发展是相互关联的。人才的引进、培养和知识积累都依赖于人才环境，而人才的发挥也需要特定的环境支持，包括产业、企业、岗位等方面的载体环境，软环境如文化、交流、团队合作等。这三个方面共同构成了人才高质量发展的重要组成部分，彼此相互作用，共同推动着人才的全面发展。

四、人才培养模式

"人才培养模式"这一词组，是我国高等教育教学改革的产物。它产生于20世纪80年代后期，发展于90年代中期。目前，学术界对"人才培养模式"的界定尚有争议，对其内涵的把握较为模糊。刘明浚教授于1993年在《大学教育环境论要》中首次对这一概念做出明确界定，指出："人才培养模式是指在一定的办学条件下，为实现一定的教学目标而选择或构思的教育、教学式样，其组织要素有课程体系、教育途径和教学方法、教学手段、教学组织形式等。"之后，由于教育实践的需要，高校的理论工作者逐步开始关注这一问题，杨杏芳教授指出，教育包括"培养什么样的人"和"怎么样培养"两个方面，两者综合起来就是人才培养模式的问题，即人才培养模式是指"在一定的教育思想和教育理论的指导下，为实现培养目标而采取的教育教学活动的组织样式和运行方式"。

1998年3月底，教育部在《关于深化教学改革，培养适应21世纪需要的高质量人才的意见》中对人才培养模式定义如下："人才培养模式是学校为学生构建的知识、能力、素质结构以及实现这种结构的方式，它从根本上规定了人才特征并集中体现了教育思想和教育观念。"教育部原副部长周远清在大会的报告中指出："所谓人才培养模式，实际上就是人才的培养目标、培养规格和基本培养方式，它集中地体现了高等教育的教育思想和教育观念，决定着所培养人才的根本特征。"

《面向21世纪高等理科教育教学内容和课程体系改革计划》中指出，人才培养模式是指"在一定的教育理论、教育思想的指导下，根据特定的培养目标和人才培养规格，以相对稳定的教学内容和课程体系为依托，不同类型的学校人才的教育和教学模式、管理制度、评估方式及其实施过程的总和"。

　　还有一种观点认为人才培养模式有狭义和广义之分，广义的人才培养模式是指不同类型的教育实践，例如，高职院校的人才培养模式强调职业教育，而本科的人才培养模式则侧重于工程型或学术型教育。狭义的人才培养模式则指某一类型教育中根据不同条件和需求形成的特定教育实践形式，是有关学校不同特点的具体教育实践总结。

　　学者们根据自己对人才培养模式的理解，从不同角度对人才培养模式这一概念作出各种界定，但这些观点有一些相同的涵义，那就是它们基本上都认为人才培养模式是指在教育思想和教育理论指导下的一种关于人才培养的方式，是静态的"方式"与动态的"过程"相结合的统一体，是教育具体化、系统化的实践形式，是从整体上把握人才培养过程的构成要素、组织形式、运作方式的一种操作系统，将教育理论和实践相结合，是教育理论应用于人才培养过程的桥梁，是学校办学思想、办学水平和办学特色的集中体现，反映人才培养的目标、规格、过程以及评价之间的规律性关系。

　　综合上述观点，我们认为，人才培养模式是依据一定的教育思想、教育理论、教育方针和观念，为实现培养目标而采取的操作性的教育教学组织形式和运行方式，属于过程范畴，是对人才培养过程状态的一种总体性表述。

第二节 人才的性格特征、需求特征和人力资本属性

人才的性格特征、需求特征和人力资本属性，是人力资源管理和人才培养领域中备受关注的重要议题。随着社会经济的不断发展和变化，以及不同行业和组织的需求多样性，对人才的要求也在不断演化。人才不仅仅是组织的重要资源，更是推动社会进步和创新的关键因素。中国已经进入新时代，进入创新发展的关键时期。特别是在新一轮科技革命中，人工智能、互联网、大数据与传统的物理、化学、机械等学科交叉融合，促使科技变革加速演进。前沿技术呈现多点突破态势，科技创新呈现多重深度融合，颠覆性创新对社会、经济、安全等问题产生重大影响和冲击。在新一轮科技革命浪潮中，我们面临着严峻的挑战，关键核心技术受制于人的问题没有得到根本解决。因此，突破核心技术的关键在于核心人才。因此，深入了解和分析人才的性格特征、需求特征以及人力资本属性对于有效管理和培养人才至关重要。

一、人才的性格特征

创新是一种突破传统的行为，它涉及打破思维定势，创造前所未有的新事物。这种挑战传统的行动常常让创新型人才面临超越一般人的心理压力。成功的创新者通常具备坚定的自信、坚韧的毅力和强烈的竞争意识。因此，人才的性格往往表现出以下特点。

一是坚定的自信心。人才通常具备坚定的自信，他们相信自己的观点和想法最终会被他人认可。这种自信激励他们积极思考，始终保持兴奋的状态，不怕面对挫折，不断挑战自己，不断超越自我。在科技领域，这种自信通常伴随着职业声誉和社会认可。

二是强烈的竞争意识。竞争意识是创新的动力之一。研究表明，人才通常比普通人拥有更强烈的竞争意识。他们喜欢迎接挑战，愿意承担风险，从

克服困难中获得乐趣。

三是锲而不舍的毅力。人才在确定目标后，能够坚持不懈地追求，专注致力于实现目标。美国的心理学家特尔曼曾对1528名高智商的儿童进行长期的跟踪调查，发现影响他们成功的并不是智力因素，而是非智力因素，即志向和毅力。

四是独立思考和不落俗套。人才之所以能够成为"人才"，是因为他们敢于挑战权威和传统观念，打破思维定势，寻找新的解决问题的方法。他们喜欢独立思考，不墨守成规，勇于尝试新的思路和方法。

五是对所从事的事业具有浓厚兴趣。强烈的兴趣能够激发积极的学习态度，使人愿意克服困难，排除各种干扰，取得成功。兴趣是人才发展过程中的重要推动力。

二、人才的需求特征

马斯洛在他的著作《人类动机理论》中提出，人类的行为通常围绕着各种需求展开（如图2-1所示）。这些需求的满足是驱使人们积极行动的动力，是引导行为的初始动机。不同的人对不同需求的侧重程度有所不同，而同一个人在不同时间段对不同需求的追求程度也会有所变化。本书将以需求理论为基础，从人才的工作特性、环境和领域入手，总结出人才的独特需求。

马斯洛理论把需求分成生理需求、安全需求、爱和归属感、尊重和自我实现五类。其中，生理需求是级别最低、最具优势的需求，如食物、水、空气、性欲、健康。安全需求同样属于低级别的需求，其中包括对人身安全、生活稳定以及免遭痛苦、威胁或疾病等。社交需求属于较高层次的需求，如对友谊、爱情以及隶属关系的需求。尊重需求，属于较高层次的需求，如成就、名声、地位和晋升机会等。尊重需求既包括对成就或自我价值的个人感觉，也包括他人对自己的认可与尊重。自我实现需求是最高层次的需求，包括对于真善美至高人生境界获得的需求。五种需求依次由较低层次到较高层次排列。各层次的需要相互依赖和重叠，高层次的需要发展后，低层次的需要仍然存在，只是对行为影响的程度大大减小。

图 2-1　马斯洛的需求层次理论

三、人才的人力资本属性

人力资本的概念是随着经济增长理论的发展而提出的。分支众多的增长理论对人力资本的范畴界定并不是完全统一的，西方经济学认为，所谓人力资本，是与物质资本相对而言的，是体现在劳动者身上的、以劳动者的数量和质量表示的非物质资本。体现在人的身上表现为人的知识技能、资历、经验和熟练程度等，即表现为人的能力和素质。

西奥多·舒尔茨指出，资本有两种形式，一种是物质资本，另一种是人力资本。前者体现在物质产品上，后者体现在劳动者身上，二者都对经济发展起着重要作用。另一位著名的人力资本理论研究者加雷·贝克尔认为，人力资本是通过投资形成的，人力资本形成和积累的主要途径是教育。

1.早期的人力资本理论

著名的古典学派代表亚当·斯密在其 1776 年出版的《国富论》中提出了初步的人力资本概念。他说："学习是一种才能，要进学校接受教育，或者进工厂做学徒，他花去的费用自然很多，但经过历年学习所得到的学习能力已经实现并且凝结在学习者的身上。这些才能，对于他个人而言自然是他自身财产的组成部分，但也是整个社会财产的一部分……"斯密强调了劳动力对于经济增长和社会进步的重要性，认为一个国家的整体国民通过后天教育所获得的能力和经验都应被看作是资本的一部分。随着工人在劳动中的效率提高，他们自身的劳动成本也会减少，因此，个体所投入的各种成本可以通过未来增加的利润来弥补和回报。因此，个体可以视人力资本投资为追求自身最大利益的一种投资行为。

约翰·穆勒在《政治经济学原理》一书中指出："技能与知识都是对劳动生产率产生重要影响的生产要素。"他强调国民财富的组成不仅仅包括工具和机器，还应当包括劳动者取得的劳动能力。同时由于教育支出将会提高劳动者的各种能力，从长远来看可以给社会带来更大的宝贵财富，所以，政府应该毫不犹豫地加大对各级教育的支出力度。阿弗里德·马歇尔在《经济学原理》中指出："早先的经济学家对于人的能力的认识有所不足，对于劳动力作为一种资本类型参与生产活动的认识还是十分有限的，他们并没有把人当作一个重要的生产要素考虑进去"。他还将人的能力分为"通用能力"和"特殊能力"两种。通用能力是指人的普通决策能力和一般的知识与智力，特殊能力是指劳动者的体力与熟练程度。马歇尔强调企业家是具有知识天才的人力资本，主张"教育的投资应该由国家来负担"，教育投资可以给整个社会带来巨额的利润和回报。

2.现代人力资本理论

现代人力资本理论是 20 世纪 60 年代在西方发展经济学中迅速发展起来的一种理论。它主要研究的是人口素质或质量的提高对经济发展的作用问题。舒尔茨首先提出了完整的人力资本概念。他从人力资本的角度，意识到人力资本是通过教育、在职培训等方式形成的，体现在劳动者身上的生产知识技能，之后他又提出了收益递增的"专业化的人力资本"概念。

舒尔茨指出，人力资本要素是经济增长和社会进步的最终决定性因素。一国的人力资本存量越大、人力资本集聚度越高、人们的受教育程度和科技文化水平程度越高，劳动生产能力就越强、其国内的人均产出或劳动生产率就越高。对于现代经济而言，一国经济增长主要依靠其国民的知识水平、劳动能力和健康水平等人力资本水平的提高，人力资本要素对经济增长的贡献远远比物质资本的投入和劳动力数量的增加要更加重要。舒尔茨曾对美国从1900—1957 年的物质资本与人力资本的收益值进行了估算，证实了在这个时期的美国，人力资本的投资收益远比物质资本的投资收益大很多。1957 年，美国的物质资本投资额增加了 4.5 倍，同期的物质资本的收益增加了 3.5 倍，而人力资本的投资额仅增加了 3.5 倍，但是其带来的收益却增加了 17.5 倍，这大大超过了物质资本的收益值。所以，舒尔茨的理论说明了人力资本的投资收益高于物质资本的投资收益，而教育则是人力资本形成的主要途径。人力资本是经济发展中的主要因素，提高人力资本的质量是经济发展的关键。

加里·贝克尔在《人力资本》一书中分析了正规教育的成本和收益问题，还重点讨论了在职培训的经济意义，也研究了人力资本投资与个人收入分配的关系。贝克尔的人力资本思想指出了人力资本投资的内容是多方面的，主要方式有教育、在职培训、医疗保健、移民入境的投资和搜集信息、人口迁移和情报资料等。他对人力资本理论的贡献是巨大的。雅各布·明塞尔在《人力资本投资与个人收入分配》一文中，首次建立了个人收入与其接受培训量之间关系的经济数学模型，提出了人力资本的收入函数，重点研究了人力投资与收入分配之间的关系。

丹尼森把经济增长归功于要素投入量的增加和要素生产率的提高两大因素。他特别重视教育投资的重要性，指出教育水平的提高可以极大地促进人力资本质量的提高，并在研究中估计了美国 1922—1957 年间的经济增长中应该有 1/5 是由教育带来的。之后，丹尼森还对 1948—1989 年间美国的经济增长的源泉进行了统计估算，结果显示在当时的美国，物质资本对经济增长的贡献率是 37%，而教育和知识进步对经济增长的贡献率则达到了 42%。从而得出结论：人力资本对经济的贡献水平超过了物质资本的贡献，人力资本因素是对经济增长产生影响的最主要的因素。

3.当代人力资本理论的发展

20 世纪 80 年代以来，人力资本的研究进入了新的领域，与 60 年代的人力资本理论有着显著的差异，形成了以人力资本内生化增长模型为核心的新经济增长理论，也被称为新增长理论。这一新经济增长理论的主要代表人物包括罗默、卢卡斯等学者，他们的研究将当代经济学理论提升到了一个崭新的高度，为我们提供了更深入的理解。

罗默模型是一个经济增长模型，引入了知识作为一个独立的变量，强调了知识在经济增长中的关键作用。罗默认为，经济增长的主要驱动力是特殊化的知识和高度专业化的人力资本，认为只有通过知识的积累才能够实现现代经济的增长。他将知识分为两种类型，一般知识和专业知识。一般知识推动着规模经济效益，而专业知识则是实现持续经济增长的关键因素。这两种效应的结合可以带动整个国家经济的规模不断扩大，形成递增的经济效益，从而实现长期的平衡和稳定增长。

卢卡斯于 1988 年提出了一个经济增长模型，他特别强调了劳动者积累人力资本的过程。卢卡斯认为，劳动者不仅可以通过正规生产过程和正规教育积累人力资本，他们脱离正规生产和从非正规学校教育中积累的人力资本同样对经济增长产生重要影响。他将人力资本积累视为经济增长的决定性因素，并在模型中将人力资本内生化。此外，他将资本分为物质资本和人力资本两个基本形式，将劳动分为原始劳动和专业化人力资本劳动，认为原始劳动在经济增长中的作用较小，而专业化人力资本是促进经济增长的真正动力。

西方人力资本研究的发展演变过程先后经历了早期人力资本理论、现代人力资本理论和当代人力资本理论三个发展阶段。当然，在这三个发展阶段中，其研究思路和研究主线也有所不同，人力资本理论也得到不断的发展和日趋完善。当代人力资本理论在人力资本理论研究方面的突出贡献就在于将人力资本这个变量内生化了，并将其纳入经济增长模型进行了分析和论证。在 60 年代的现代人力资本理论中，舒尔茨和贝克尔的人力资本理论尽管也涉及经济增长问题，但他们只是把人力资本看作外生变量，而不是当作内生变量加以充分的研究，所以他们的理论中就较少涉及了定量模型。而在当代人力资本理论中，罗默和卢卡斯不仅将人力资本纳入模型中，并且使人力资本内生化，同时也克服了物质资本边际收益递减的现实，从而证明了由于人力资本的增加会使经济达到长期、稳定、均衡的增长。

综上所述，从内容上看，人力资本是指通过后天投资所形成的、蕴含于个体的知识、技能、健康等质量因素的总和。从特点上看，人力资本的最主要特征在于它的价值性：在微观层面，人力资本能为个人和组织带来经济回报，影响投资和消费能力；而在宏观层面，人力资本也是推动经济增长和社会发展的关键因素。

第三节　教育与人力资本积累

一、教育与人力资本形成

如前所述，我们把具有一定的知识和技能、能够进行创造性劳动、对社会作出贡献的人通称为人才。由于人才是创造、提供、运用知识的人，是实现科技向现实生产力转化的人，同时也是将实践再次上升为理论的人，所以，人才的培养、训练是一个长期的过程。人才是人力资本的重要携带者，也就是说，人才的人力资本积累贯穿其整个职业生涯乃至整个生命过程，是一个长期且没有终点的过程。人力资本经过后天投资（教育、培训、干中学等）形成，不同时期同一人力资本载体所拥有的人力资本价值是不同的。当今社会已进入信息时代，知识和技术的更新一日千里，要想提高技术创新能力，就需要调动创新主体进一步进行人力资本投资，以保证人力资本价值不贬值和赶上知识更新的速度。由于绝大多数的人力资本是依赖脑力与智力而不是依赖体力，所以扣除知识老化所带来的消耗，人才的人力资本几乎是随着年龄增长一直递增的。作为一种资源，人才本身不仅具有价值性，而且在经济活动中还可以带来价值的增加，是一种活资源。

教育的生产功能就是人力资本的生产功能，教育与人力资本之间存在着紧密的内在关系。一是通过教育可以提高劳动者的智力素质，从而使人力资本发生增值。通过教育不仅可以增加劳动者的熟练程度，而且还可以改变劳动者的能力形态，促使其从一个简单的劳动者成长为一个能从事专门复杂劳动的脑力劳动者。二是不断接受教育是人力资本存量保值、增值的重要基础和必要条件。对教育进行投资的过程实际上就是人力资本形成和积累的过程，不断地接受教育，就能使劳动者掌握更多的新技能和新知识，从而能够极大地提高人力资本的质量，而高质量的人力资本又可以大大提高劳动生产效率，从而促进经济的快速增长。三是不同层次的教育可以形成不同形式的人力资本：基础教育投资可以形成基础人力资本，中等教育和高等教育投资可以形成专业化人力资本和高水平人力资本。

二、"木桶理论"对不同教育形式投资选择的启示

在现代经济发展中，知识和技术进步变得至关重要，而人力资本的不断增长不仅有助于克服物质资本边际收益递减的趋势，还对其他生产要素的回报产生积极影响。随着科学技术在现代经济中的广泛应用，单纯依赖增加劳动力数量和提高劳动密集度以增加生产率的时代已经一去不复返。现代经济的发展，特别是迎接即将到来的知识经济时代，更依赖科技进步、提高劳动力素质，以及提升普及教育水平。因此，人力资本的投资在现代经济发展中扮演着日益重要的角色。教育在塑造人力资本方面起着至关重要的作用，这一观点已得到众多国内外专家学者的广泛认同。从舒尔茨、雅各布·明塞尔、

巴罗等学者的研究中可以明确看出，国家的经济增长速度在很大程度上受到教育水平的制约。

教育投资实际上是个人付出成本（可能是货币成本、机会成本以及其他隐性成本）的过程。人们通过教育投资获得知识和技能，进而提高个人的劳动生产力。教育的收益则更多体现为劳动收入、工作机会的获得、更好的健康以及生活。发达国家的经验表明，个人的受教育水平和收入之间存在很强的正相关关系，随着受教育水平的提高，收入也在不断提高。研究表明，个人增加一年学校教育的平均收益率约为 10%。此外，对个人而言，稳定的工作、良好的健康（自律地锻炼身体、有节制的生活方式等）都是个人因接受更高教育获得的收益，可能也会给个人带来社会地位和声望的提高。另外，很重要的是，教育对人力资本的贡献在于教育外部收益。比如公民参加社会公共事务决策的积极性更大；美国的一项研究表明，提高受教育水平可以降低犯罪率，节约社会成本。因此，加大对教育的投资有助于提高人们的智力和技能，将大量的人力资源转化为具备专业知识、技能和经验的人力资本，这对于那些经济相对滞后的国家和地区具有重要意义。

对于我国而言，人均收入最终可能达到什么样的水平，取决于人力资本存量。在决定人力资本存量水平的诸多因素当中，教育是最关键的。教育水平差异是中国城乡收入差距最重要的影响因素，其贡献程度达到了 34.69%。

教育在经济增长中发挥着重要作用，但其影响在不同地区可能存在差异。无论富裕地区还是落后地区，教育都被广泛认可为塑造人力资本的关键因素。然而，富裕地区通常更加注重教育投入，而落后地区在理解和重视教育的重要性方面存在不足。即使在某些落后地区增加了对教育的投资，政策取向也可能存在差异，涉及资金投向基础教育、中等教育或高等教育等问题。这些不同政策导向带来了人力资本形成水平的多样性，从而对该地区的经济增长方式产生深远影响。

教育可分成基础教育（小学和初中教育，即义务教育）、中等教育（高中和职业教育）和高等教育。这些教育所形成的人力资本可以分成两种类型：基

础人力资本（小学和初中教育）和专业化人力资本（高中教育、职业教育和
高等教育）。基础教育可普遍提高国民的教育水平，形成很大的人力资本存
量基数，是基础人力资本；中等教育所形成的人力资本是专业化人力资本，
是具有一定专业知识和技术水平的专业化人力资本；高等教育则是精英教育，
所形成的人力资本是高水平的专业化人力资本。人力资本的构成如图 2-2 所示。

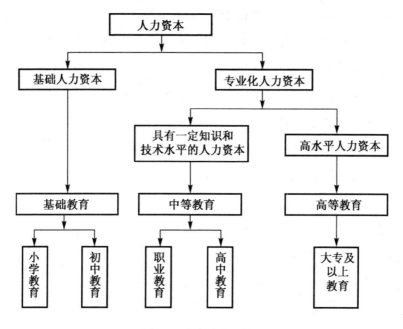

图 2-2 人力资本的构成

不同教育形式的投资程度不同可能对经济增长产生不同影响，这可以用
"木桶理论"来解释。在这个比喻中，一只木桶的容量不是由最长的木板决
定，而是由最短的那块木板所限制。因此，要增加木桶的容量，必须关注并
改变最短木板的情况。将基础教育、中等教育和高等教育视为木桶的三块木
板，它们共同构成了木桶的周边，而木桶内的水代表了人力资本对总产出的
贡献。

在富裕国家和地区，由于财力充足，这三种教育形式通常都得到平衡的
投资，即三块木板的高度差不多，不偏向任何一种教育形式。相反，在发展
中国家或落后地区，由于资源有限，政府通常主导教育投资，但对不同教育

形式的投资政策各异。一些国家将重点投资于高等教育，使代表高等教育的那块木板相对较长，而代表基础教育和中等教育的两块木板相对较短，从而在短期内实现了经济增长，如当前的欧美等发达国家政府对基础教育和中等教育的投入很大，德国的职业教育更是世界闻名，而高等教育则一部分由私人投资来完成，如美国的著名高校如哈佛等都由私人来投资。而其他一些国家更注重基础教育和中等教育的投资，使这两块木板相对较长，而高等教育的木板相对较短，这也显示出更大的经济增长潜力。这里涉及两种不同形状的木桶：一个是高等教育木板较长，基础教育和中等教育木板较短（木桶1），另一个是基础教育和中等教育木板较长，高等教育木板较短（木桶2）。从实践经验来看，木桶2有望为落后地区带来更大的经济增长潜力。

三、基础教育和中等教育优先的人力资本积累政策

借助木桶理论，可以清晰地解释不同教育形式的投资选择。虽然木桶1和木桶2都是周边不齐的木桶，表面上看两个木桶中所盛的水，即人力资本对社会总产出的贡献，都受到其中最短木板的制约，但在经济含义上却存在显著差异。

木桶1的特点是，基础教育和中等教育这两块木板较短，而高等教育的木板较长。这种情况在经济中表现为，由于缺乏足够的基础人力资本，经济增长受限于高度专业化和尖端产业的发展，各种产业之间的发展不平衡。基础教育的滞后导致当地的文盲率较高，中等教育的缺失致使当地掌握先进技术的技术工人明显不足，这都直接制约了当地经济的持续稳定增长。因此，像印度和巴西等在过去十分重视高等教育的国家，在近年来也都开始关注基础教育和中等教育的发展。

巴西政府白20世纪80年代末以来，针对基础教育中存在的突出问题，采取了一系列重大改革与发展措施。一是通过立法，明确把基础教育放在优先发展的位置。1988年巴西颁布的新宪法明确提出，"初等教育是整个教育

过程的基础,应是优先发展的领域",并规定义务教育的对象不仅包括 7～14 岁儿童,还包括所有适龄期没有受过教育的任何人。第 14 号宪法修正案则规定,政府对教育投资的重点是初等与中等教育。这些都意味着巴西已从忽视基础教育转变为重视基础教育。

随着一系列措施的实施,巴西的教育状况迅速得到改善,结束了长达十多年的停滞甚至下滑趋势,基础教育面貌发生了巨大变化。公共教育经费占 GDP 的比例于 90 年代末超过 5%,在发展中国家中名列前茅。所有公立学校实行免费教育,截至 2004 年,巴西的基础教育在校学生数量比 1960 年增加了近 5 倍,初等教育入学率达到 97%,成人识字率接近 89%。这些改进举措对于巴西基础教育的发展和提高产生了积极的影响。

如果我们将高等教育比喻成金字塔的塔尖,那么基础教育就构成了金字塔的坚固基石。如果基础教育这个塔基不牢固,那么高等教育的质量和水准就会受到影响。教育与经济增长有着紧密的相互依存关系,整个教育体系的根基——基础教育即义务教育是外部效应极大的公共物品。在相同的其他条件下,一个国家的劳动力受教育水平越高,这个国家赶上最新技术并取得更快产出增长的潜力就越大。当一个国家的基础教育达到了理想的水平时,整个社会都能受益。这有助于培养更多的合格人才,提高整个社会的科技创新能力,促进经济的增长和发展。因此,基础教育的质量和可及性对整个社会的繁荣和进步至关重要。

从整个社会的角度来看,基础教育提供了最高的回报率。历史经验表明,许多发达国家在经济腾飞的早期阶段,至少 70%甚至 80%以上的国民都接受了小学教育。这种高水平的教育为国家提供了一支具备一定知识和文化水平的劳动力大军,他们能够更迅速和熟练地掌握各种生产技能。此外,全面的教育普及也提高了国民的整体素质,包括文化和道德素质,这对于经济的成功至关重要。而高等教育在很多国家的经费是有保证的,更重要的是许多高等院校在经济上是有收入的,相对于高等教育而言,基础教育与中等教育才是最需要资金投入的领域。诚然,高等教育对于落后国家来说是重要的,但是专利可以引进，技术可以购买，而国民最基础的人力资本却只有自己去造就。所以，大力发展基础教育和中等教育就是收益率极高的投资。只有加大对基础教育和中等教育的投资，经济才会持续、稳定地增长。

综上所述，大到一个国家，小到一个区域，想要实现经济增长，基础教育和中等教育的投资应该是重点领域，这部分人力资本在任何时候都是一个国家人力资本最基础的部分，是不容忽视的。

第三章 新时代人才激励概论

在知识经济快速发展的时代，企业之间的竞争已经从过去的硬竞争转变为以人力资源为基础的软竞争，也就是人才的竞争。因此，激发员工的积极性、发挥员工的潜力成为促进企业发展的重要内容。人才激励机制通过优化人力资源的管理过程，能够提高企业的工作效率，降低工作成本，进而增强企业的竞争力，为企业的长远发展提供强有力的人才支持。在新时代背景下，人才激励理论对于企业的发展具有重要意义，企业应当重视并积极应用人才激励机制，以促进自身的稳定发展和持续进步。如果说人才培养解决的是培养什么样的人才的问题，那么，人才激励解决的就是怎么将引进或培养的人才留下来的问题。

第一节 激励概念界定

"激励"一词对应的英文动词是"Motivate"。这个词源于拉丁语，具有两层含义：一是提供一种行为的动机，即诱导、驱使之意；二是通过特别的设计来激发学习者的兴趣，一是表示提供行为的动机，即诱导和驱动。例如，教师可以通过一系列教学管理措施和课程设计来引导学生的学习行为。相应的，作为"激励"一词的名主词形式，"Motivation"包含三种主要含义：一是指被激励的过程（Motivated）；二是一种驱动力、诱因或外部的奖酬（Incentive）；三是指受激励的状态。在本书中，"激励"这个词同时用作动词和名词，且两种词性的含义密切相关。即激励是指通过设计适当的外部奖励形式和工作环境，采取一定的行为规范和惩罚性措施，以信息沟通为手段，激发、引导、维持和规划组织成员的行为，从而有效实现组织目标以及成员个人目标的系统活动。这一定义包括以下几个要点：

①激励的起点是满足组织成员的各种需求，通过系统设计合适的外部奖励和工作环境来满足员工的外部和内部需求。

②有效的激励策略需要同时使用奖励和惩罚，激励员工采取符合组织期望的行为，同时制止不符合期望的行为。

③激励是一个持续的过程，包括对员工个人需求的了解，对员工个性的把握，对员工行为过程的监控，以及对员工行为结果的评估。因此，激励需要耐心和细致。

④信息沟通是激励工作的关键，从宣传激励计划到了解员工，再到监督员工行为和评估行为结果，都依赖于有效的信息传递。内部信息沟通的质量直接影响激励计划的有效性和成本。

⑤激励的最终目标是在实现组织团队的期望目标的同时，也让团队成员实现其个人目标，以实现团队目标和员工个人目标的统一。

第二节　激励理论的管理学基础

管理的本质就是管理者通过影响他人的能力，激发他们为组织工作的积极性，去实现自己为组织指定的目标。研究如何根据人的行为规律来提高人的积极性是管理学的重要方面。每个人都需要被激励，为此，必须发挥激励机制在调动人的积极性方面的作用是管理学的共识。激励也被称为"最伟大的管理学原理"。

管理和激励的对象是人。管理学理论也都是与人相关，管理学的基本理论认为，人的需要及与人的积极性的关系，就是管理工作者实施激励的根本依据。而激励是由激励主体（激励者）和客体（被激励者）组成的一个复杂的人—人系统，激励是以人为中心管理思想的主要管理职能。人是管理的主体，激励是管理的核心。因此，管理学与激励必然存在密不可分的联系，管理学理论也必然为人才激励的发展提供理论基础。

一、多因素激励理论

多因素激励理论是通过研究人的心理需求来形成激励的基础理论，它侧重于研究激励诱因和激励因素的具体内容。其代表理论有：马斯洛的需求理论、奥尔德弗的 ERG 理论、麦克利兰的成就需要理论、赫茨伯格的激励因素—保健因素理论（也叫作双因素激励理论）。

1.马斯洛的需求层次理论

根据马斯洛的需求层次理论，人的需求可分为五个层次：生理、安全、社交、尊重和自我实现。生理需求包括食物、水和其他生存必需品，安全需求关注个体的身体和心理安全，社交需求涉及爱、社交关系和友谊，尊重需求包括内部自尊和外部地位等因素，最高层次是自我实现需求，包括个体追求潜力发挥和自我实现的动力。这五个层次可以视为一座层层递进的阶梯，当一个层次的需求得到满足时，个体将追求下一个层次的需求。这一理论强调了根据不同的需求和社会环境来设计激励方案。

基于马斯洛的需求层次理论，西方管理领域建立了一种激励模式，包括需求、目标、动机、行为和绩效、奖励、满足以及积极性的循环。这个模式起点是个体的需求，通过设定明确的目标激发动机，推动具体行为和绩效，接着给予奖励，满足需求，最终增强积极性。这一激励模式融合了梅奥的"人际关系理论"和马斯洛的需求层次理论，实现了激励手段从单一金钱刺激向满足多种需求的演进。

在组织管理过程中，为了调动员工的积极性，首先应当注意了解员工的各种需要，并经过细致分析，有针对性地设置目标，尽可能地把组织目标与员工的合理需要有机结合起来，使社会的需要、组织的需要逐步转化为员工的个人需要，从而更有效地挖掘人的内在潜力，激发出员工更大的积极性。

2.奥尔德弗的 ERG 理论

耶鲁大学的奥尔德弗对马斯洛的需求层次理论进行了调整，使之和实证研究更加一致。这一修改后的需求层次理论被称为 ERG 理论，包含三个核心需求：生存（Existence）需要、相互关系（Relatedness）需要和成长发展（Growth）需要。具体来说：生存需求与满足基本物质生存需求相关，包括马斯洛所提到的生理需求和安全需求。相互关系需求是维持重要的人际关系的需求。要满足社会地位的需求就需要与他人互动，这对应了马斯洛的社交需求和尊重需求的外在方面。成长发展需求包含了马斯洛尊重需求的内部方面以及自我实现需求的一些特征。

ERG 理论不仅简化了马斯洛的五种需求，而且还强调了以下几个关键点：多种需求可以同时存在；如果高层次需求无法得到满足，低层次需求的满足欲望会更强烈；不一定要先满足低层次需求，然后才满足高层次需求。ERG 理论的调整使其更加贴切于实际情况，为人力资源管理和激励策略提供了更具可操作性的指导。

3.赫茨伯格的双因素激励理论

赫茨伯格提出了"激励—保健因素"，即"双因素"激励理论，强调了员工满意度的两个不同方面。他认为，个体与工作之间的关系至关重要，因为个体对工作的态度会在很大程度上决定工作成效。根据赫茨伯格的观点，导致工作满意的因素和导致工作不满意的因素是不同的，它们之间没有直接联系。简单地消除导致不满意的因素可能会创造平衡，但并不一定会激励员工。这些因素可以减轻员工的不满情绪，但无法激发他们的积极性。

赫茨伯格将公司政策、监督、人际关系、工作环境和薪酬等因素归为"保健因素"。拥有这些因素可以避免员工感到不满，但并不能让他们对工作感到满意。如果公司希望真正激励员工，赫茨伯格建议要重点关注内部奖励和激励因素，如成就感、认可、工作本身的性质、责任和晋升机会。这些因素更可能激发员工的积极性，使其在工作中表现得更出色、更有动力。

4.麦克利兰的成就需要理论

麦克利兰提出了人的三种基本需求：成就需求、权力需求和亲和需求。该理论总结出以下主要观点：

第一，成就需求高的个体更倾向于寻求具备个人责任、提供工作反馈和涉及适度冒险的工作环境。这种环境可以显著提高他们的激励水平。例如，已有大量证据表明，成就需求高的人更容易在创造性演讲中取得成功。

第二，成就需求高的人并不一定适合担任管理职位，尤其是在大型组织中。这是因为他们更关注个人表现，而不太关心如何影响他人。

第三，权力需求与成功的管理者之间存在紧密联系。优秀的管理者通常具备权力需求和亲和需求，而权力需求被认为在激励管理者方面发挥了重要作用。

第四，已经有成功的方法可以训练员工激发自己的成就需求。如果工作需要高成就需求的员工，管理者可以选拔具有高成就需求的员工，也可以通过成就培训来培养员工的成就需求。

成就需要理论在管理激励方面具有重要的价值。首先，通过对个人动机系统的特征的评估和测量，有利于职位安排和工作分工；其次，由于具有不同需要的人需要的激励方式不同，了解员工的需要是建立合理激励机制的重要基础；最后，可以通过训练和激发员工的成就动机，以提高生产效率。麦克利兰的成就需要理论对激励具有高目标值的企业家或经理人员具有重要的指导意义。

二、强化激励理论

强化理论又叫"行为修正理论"，由美国心理学家斯金纳所创立。斯金纳提出了"操作条件反应"理论，他认为人的行为是由外界环境所决定的，外界的强化因素可以塑造行为。人或动物为了达到某种目的，会采取一定的行为作用于环境。当某种行为的结果对他有利时（正强化），这种行为就会在以后重复出现；当某种行为招致不利后果（负强化或惩罚）时，这种行为就会减弱或消失。人们可以用正强化或负强化的办法影响行为的后果，从而修正其行为。正强化是指肯定或奖励，使其行为得以巩固、保持；负强化则是给予否定或惩罚，使其行为减弱、消退。斯金纳认为，激励涉及以下两种反射过程：S（刺激）→R（反应）和R（反应）→S（刺激）。从而补充和丰富了此前心理学家提出的行为反应模式。与激励直接相关的是正强化，正强化就是奖励那些符合组织目标的行为，以便这些行为得到进一步加强，从而有利于组织目标的实现。奖励的方式可以是报酬奖励、精神奖励和工作激励。

三、过程激励理论

过程激励理论注重研究个体动机的形成和行为目标的选择。其中，最具代表性的理论包括维克托·弗鲁姆的期望理论、亚当斯的公平理论，以及波特和劳勒的综合激励模型。这些理论研究表明，通过将个体的需求、期望与工作目标相结合，可以有效地调动并发挥员工的积极性和创造力。

1.亚当斯的公平理论

亚当斯提出了公平理论（又称社会比较理论），认为员工倾向于将自己的付出与回报与他人的付出和回报进行比较，以判断是否存在公平。当员工察觉到不公平情况时，就会进入一种紧张状态，这种负面紧张状态可以激励员工采取行动来纠正不公平行为。

在公平理论中，员工的选择参考物是一个重要变量。员工可以根据以下参考物来比较公平：自我—内部，即与当前组织内不同职位的经验；自我—外部，即与当前组织之外的职位或情境的经验；别人—内部，即与当前组织内其他人或群体的比较；别人—外部，即与当前组织之外的其他人或群体的比较。员工可能会与朋友、邻居、同事或其他组织中的成员进行比较，也可以与自己以往的工作经验进行比较。员工选择哪种比较方式既受其所了解的参考人信息的影响，也受参考人的吸引力影响。

此外，性别、任职期、组织内职位以及教育程度或专业背景等因素都可能充当中介变量。例如，在组织内任职时间较短的员工可能了解较少关于其他组织成员的信息，因此更倾向于根据自身经历进行比较。相反，在组织内任职时间较长的员工更容易与同事进行比较。高层次员工，如教育程度较高的员工和专业技术人员，可能掌握更多关于其他组织成员的信息，因此更可能进行外部比较。

公平理论认为，员工在感受到不公平时，可以采取以下方式中的一种或多种来应对：改变自己的付出；改变自己的回报；调整自己的认知，例如调整对自己工作的看法，认为自己比其他人更努力工作；调整对其他人的看法；选择不同的参考对象；或者选择离开当前工作环境，例如辞职。

在公平理论的框架下，个人不仅关心自己的额外努力所带来的回报的绝对数量，还关心自己的报酬与其他人的报酬关系。当人们感到自己的投入产出与其他人的投入产出不平衡时，就会感到紧张，这种紧张感又会成为他们追求公平和公正激励的动力。

2.维克托·弗鲁姆的期望理论

维克托·弗鲁姆提出了期望理论，强调提高激励因素的效力。弗鲁姆认为，某一活动对某人的激励力量取决于他所能得到结果的全部预期价值乘以他认为达成该结果的期望概率。用公式可以表示为：$M = V \times E$。其中，M 代表激励力量，这是指调动一个人的积极性，激发出人的潜力的强度。V 代表目标效价，指达成目标后对于满足个人需要其价值的大小。E 代表期望值，这是指根据以往的经验进行的主观判断，达成目标并能导致某种结果的概率。

弗鲁姆的期望理论强调在激励过程中需要平衡和处理好三个关键关系，这些关系也是激发人们工作积极性的关键条件。首先，努力与绩效之间的关系至关重要。人们通常希望他们的努力能够产生预期的绩效，当他们相信能够实现目标时，他们会充满信心，激发出强烈的工作动力。相反，如果他们认为目标难以达到，努力也不会带来好的绩效，就会失去内在动力，导致工作消极。其次，绩效与奖励之间的联系同样重要。人们期望在取得成绩后能够得到奖励，这些奖励可以涵盖物质和非物质方面。如果他们相信自己的绩效会得到合理的奖励，就会更有可能保持工作热情，否则可能会丧失积极性。最后，奖励与满足个人需求之间的关系至关重要。人们希望奖励能够满足他们特定方面的需求，但由于个体之间在年龄、性别、背景、社会地位和经济状况等方面存在差异，他们对不同需求的追求程度各不相同。因此，同一种奖励方式对不同个体的需求满足程度不同，也会引发不同程度的工作动力。

3.波特和劳勒的期望激励理论

美国行为科学家爱德华·劳勒和莱曼·波特于 20 世纪 60 年代末提出了期望激励理论模型，该理论认为激励力的大小受多种因素的影响，其中包括与工作相关的奖励认可和评价。这一理论突显了工作中内在激励的重要性。在相同的情况下，将工作分配给那些具有高内在激励价值的人，将产生更强的激励效果。与此同时，亚当斯的公平理论强调了工作报酬的相对公平性，即相同的奖励不一定会产生相同的激励效果。只有通过与他人的投入进行比较，才能确定相同的奖励是否具有相同的激励效果。如果激励机制的设计不符合公平原则，可能会降低激励效果。例如，在同一单位工作的懒惰员工和勤奋员工薪酬相同，结果可能会导致大家都变得懒惰。因此，为了提高奖励的激励效果，唯一的途径就是让那些付出更多的人获得相对较高的奖励。

波特和劳勒的期望激励理论告诉我们，不要以为设置了激励目标、采取了激励手段，就一定能获得所需的行动和努力，并使员工满意。要形成激励→努力→绩效→奖励→满足并从满足回馈努力这样的良性循环，取决于奖励内容、奖惩制度、组织分工、目标导向行动的设置、管理水平、考核的公正性、领导作风及个人心理期望等多种综合性因素。

四、综合激励模式理论

综合激励模式理论是由罗伯特·豪斯提出的，主要是将双因素激励理论、期望激励理论等上述理论综合到一起，兼顾内部和外部的激励因素。内在的激励因素包括提供任务本身的报酬、对任务是否能完成的期望值以及完成任务的效价。外在的激励因素包括完成任务所带来的外在报酬的效价，如加薪、晋级的可能性。综合激励模式表明，激励的强度取决于许多激励因素的相互作用。其主要思想是：

（1）"激励"决定一个人是否努力及努力的程度。

（2）工作的实际绩效取决于一个人能力的大小、努力的程度以及对任务理解的深度，具体地讲就是"角色感知"，即一个人对自己所扮演的角色是否有清晰的认识，是否能把握自己的主要职责或任务。

（3）奖励要以业绩为基础，而不是先有奖励后有业绩，要比别人提前完成组织任务才能获得精神和物质奖励。当职工看到他们所获得的奖励与取得的成绩关联性很差时，奖励将不能成为其提高业绩的刺激物。

（4）对奖惩措施是否满意取决于被激励者是否认为奖励是公平公正的。如果被激励者认为奖励符合公平原则，当然会感到满意，否则就会感到不满意。

五、知识型员工的激励理论

1.彼得·德鲁克关于管理和激励知识型员工的研究

管理大师彼得·德鲁克对知识型员工的高效管理和激励进行了广泛研究，为相关领域提供了重要理论支持。在他的著作《21 世纪的管理挑战》中，他强调了以下几个关键观点：

①将知识视为宝贵资源：知识是一种高价值资源，知识型员工是组织的财富。因此，管理者应将知识型员工看作是资产而不是成本，并致力于保护和发挥其潜力。

②强调贡献而非努力：为提高知识型员工的生产效率，管理者应鼓励他们产生更多贡献，而不是简单地要求他们付出更多努力。这种方法的关键在

于激发创新，使知识型员工更富有创造性。

③持续学习：鉴于现代社会中知识信息的快速变化，知识型员工必须持续学习以适应不断变化的环境。管理者应激励他们将持续学习作为工作的一部分，以保持竞争力。

④赋予自主权：知识型员工应当拥有工作自主权，这既包括对自己的工作成果负责，也包括在工作中有一定程度的自主权。管理者的任务是帮助他们排除干扰，使他们能够专注于专业任务，同时将琐碎的重复工作交给专门办事员处理。

2.玛汉·坦姆仆的知识型员工激励模型

知识管理专家玛汉·坦姆仆的知识型员工激励模型对知识工作的激励因素和机制进行了深入研究。

马汉·坦姆仆认为，知识工作具有以下主要特点：①工作过程难以观察；②工作成果不易衡量；③工作的顺利进行依赖知识型员工充分发挥自主性；④知识型员工往往是某一领域的专家，而管理者在这些领域往往是外行；⑤知识型员工对组织的依赖性低，组织与知识型员工之间存在相互需要的关系。由于知识工作的特点，如何在知识社会激励员工就显得尤为重要。

对于怎样有效激励知识型员工，玛汉·坦姆仆在实证调研的基础上提出了专门针对知识型员工的四个主要激励因素，即个体成长、工作自主、业务成就、金钱财富。该研究还根据调查数据对这四个主要激励因素的重要性进行了排序，其结果是：个体成长占33.74%，工作自主占30.51%，业务成就占28.69%，金钱财富占7.06%。

玛汉·坦姆仆的理论认为，与其他类型的员工相比，知识型员工更注重能够促进其持续发展的挑战性工作，他们对知识以及个体和事业的成长有着持续不断的追求；他们要求拥有自主权，这样他们就可以用自己认为有效的方式工作并完成任务；与成长、自主和成就相比，金钱的边际价值已经退居相对次要的地位。在此基础上，玛汉·坦姆仆总结出知识型员工的激励模型，此激励模型主要提出以下激励机制：培养员工的工作成就感；提高员工的工作能力和创造性；创造有利的工作环境；帮助员工建立明确的目标观念；提供知识和信息的充分交流。

从管理学的激励理论中，我们可以获得以下启示：在关注企业人才的激励时，必须考虑到不同人才的多样化需求，包括成就、权力和归属等，并相应地提供适应其需求的工作环境和目标。现代社会已经日益多元化，特别是进入数字化时代，不再遵循单一的发展模式或结构。因此，现代激励研究需要超越传统的需求理论框架，着眼于如何在多元化的环境中更好地激发人才的创新活力。

第三节　激励理论的经济学基础

经济学理论特别关注成本与收益，成本如何适当回收并获得必要的利益是经济学的基本考量。"经济理性人"的假设认为，每个人都试图从与经济有关的活动中获得经济利益。

经济学激励理论是在经济理论引入企业激励管理后发展起来的。20 世纪 30 年代，经济学家开始关注被传统经济理论所忽视的企业内部管理效率问题，从而认识到了激励的重要性。20 世纪 70 年代后，经济学激励问题研究取得了突破性进展。威廉姆森等人提出了交易费用理论，其他学者在契约理论或委托代理理论方面也有了突破。

与管理学研究人的多种需求的激励不同，经济学以经济人为出发点，以利润最大化或效用最大化为目的来研究激励。经济学激励理论在企业契约基础上发展出了几个重要分支，主要从交易费用理论、产权理论、代理理论、人力资本理论等角度分析企业的激励问题，更侧重利用有效机制来实现激励。

一、交易费用理论

交易费用理论是一种以交易为基本分析单位，研究经济组织的比较制度理论，它是整个现代产权理论大厦的基础。1937 年，罗纳德·科斯在《企业的性质》一文中首次提出交易费用理论，该理论指出：市场和企业是两种不同的组织劳动分工的方式，企业产生的原因是企业组织劳动分工的交易费用低于市场组织劳动分工的费用。企业作为一种交易形式，可以把若干个生产要素的所有者和产品的所有者组成一个单位来参加市场交易，从而减少了交易者的数目和交易中的摩擦，因而降低了交易成本。在企业之间，市场交易被取消，伴随着市场交易的复杂结构被企业家替代，并由企业家指挥生产。无论是企业内部交易，还是市场交易，都存在着不同的交易费用。

科斯的这一思想为产权理论奠定了坚实的基础。威廉姆森等在发展科斯思想的基础上，将交易费用理论在概念诠释和实证检验方面进行了完善，并由此形成了交易费用经济学。其早期的研究侧重企业与市场的关系，后期的研究侧重将企业看作连续生产过程中不完全合约所导致的纵向一体化实体，认为企业之所以会出现，是因为当合约不可能完成时，纵向一体化能够消除或至少减少资产专用性所产生的机会主义问题。交易费用理论可分为间接定价理论和资产专用性理论。

二、团队生产理论

团队生产理论是激励理论的重要成果之一。阿尔奇安和德姆塞茨提出了"团队生产"理论，他们认为生产要素所有者组成了一个经济组织，而在这个团队里，每个成员的边际产品无法区分，因为他们共同为整个团队的产品向市场提供支持。然而，团队成员在团队生产中可能会出现偷懒行为，这将影响整个团队的生产效率，因此需要监督团队成员的投入行为。不过，监督者的行为也很难被团队成员所监督，为了避免监督者也出现偷懒行为，最有效的方法之一是给予监督者额外的激励，即赋予他们剩余索取权。

霍姆斯特姆在其研究中证明了团队生产中的偷懒问题可以通过适当的激励机制来解决。同时，麦克阿斐和麦克米伦提出，在适当的条件下，最优工资合同应该是团队产出的线性函数。他们的模型不仅考虑了团队工作中的道德风险问题（努力程度不可观测），还考虑了团队工作中的逆向选择问题（能力不可观测）。

此外，霍姆斯特姆和米尔格罗姆证明，当一个代理人从事多项工作时，员工工作的激励不仅取决于该项工作本身的可观测性，还取决于其他工作的可观测性。同时，泰若勒建立的多个代理人模型证明，合谋的可能性会给企业带来额外的费用。伯恩海姆和惠因斯顿提出的多个委托人模型也发现，多个委托人之间的协调缺乏会降低管理的效用。

团队生产理论是激励研究的重要成果之一，由阿尔奇安和德姆塞茨于1972年提出。团队生产理论强调生产要素所有者组成了一个经济组织，在这个团队中，成员的边际产品无法区分，因为他们共同支持整个团队的产品。尽管如此，团队成员可能在团队生产中出现偷懒行为，从而对整个团队的生产效率产生不利影响，因此需要监督成员的投入。然而，监督者的行为难以被团队成员监督，因此为了避免监督者也出现偷懒行为，给予他们额外的激励，即赋予他们剩余索取权，这被认为是最有效的方法之一。

霍姆斯特姆在1982年的研究中证明了团队生产中的偷懒问题可以通过适当的激励机制来解决。此外，麦克阿斐和麦克米伦提出，根据适当的条件，最优工资合同应该是团队产出的线性函数。他们的模型不仅考虑了团队工作中的道德风险问题（努力程度无法观测），还考虑了团队工作中的逆向选择问题（能力无法观测）。

此外，霍姆斯特姆和米尔格罗姆证明，当代理人从事多项工作时，员工的激励不仅取决于工作本身的可观测性，还取决于其他工作的可观测性。同时，泰若勒的多代理人模型证明，合谋的可能性会给企业带来额外的成本。伯恩海姆和惠因斯顿提出的多委托人模型也发现，多个委托人之间的协调不足会降低管理效率。

三、产权理论

科斯是现代产权理论的奠基者和主要代表，被西方经济学家公认为是产权理论的创始人。他的研究焦点并非经济运行过程本身，而是经济运行背后的财产权利结构，即运行的制度基础。

根据产权理论，市场存在缺陷的根本原因在于产权界限模糊不清，这导致了交易过程中的摩擦和障碍，对企业行为和资源配置产生严重影响。因此，在市场运行中，产权的明确定义和合理配置至关重要。

科斯的产权定理包含三个关键层面的含义。首先，产权的明确定义和较低的交易成本是市场交易的前提条件。其次，如果产权得到明确定义，交易成本为零，那么资源的利用效率将与产权的拥有者无关。最后，如果产权明确定义，交易成本为零，那么帕累托条件将能够实现。

制度经济学认为，完整的产权包括使用权、用益权、决策权和让渡权。排他性是所有者自主权的前提，也是私人产权发挥激励机制作用所必需的前提条件。产权具有两大基本功能，即约束功能和激励功能。在激励功能方面，产权关系实际上是一种物质利益关系，不同的产权关系对应不同的利益关系。产权通常是利益分配的依据，由于产权的责任与其获得利益是相对应的，因此产权主体在谋求自身利益最大化的同时也就关心产权的营运效果，从而产生自我约束力行为机制。有效的产权制度能够抑制人们通过分配性努力追求利益最大化的行为倾向，从而激励人们通过生产性努力来增加收益。

四、代理理论

代理理论是博弈论的一个应用分支，随着所有权与经营权分开，所有者与经营者也逐渐分离。1932 年，伯利和米恩斯提出代理理论，后由威尔森、罗斯、莫里斯、霍姆斯特姆、格罗斯曼和哈特等逐渐完善。代理理论有两类，即代理成本理论与委托代理理论。

代理成本理论是由约翰逊和麦克林在论文《厂商理论：管理行为、代理成本和所有权结构》中提出来的。他们指出，代理关系是一种契约关系，委托人授权给代理人，要求代理人为他们的利益行事。当管理者不是企业完全所有者时，企业的价值会小于管理者作为企业完全所有者时的价值，两者之差即为"代理成本"。为了解决代理成本问题，委托人可以和代理人签订一份最优激励合约，让管理者成为完全剩余权益拥有者，从而可以消除或减少代理成本。

委托代理理论最早是由威尔森和罗斯最早构建的，是目前西方主流经济学理论发展最前沿的理论。产生委托代理问题的原因主要是信息不对称。非对称信息可分为两类：一类是外生的非对称信息，它是指自然状态所具有的一种特征、性质和分布状况，这不是由交易人所造成的，而是客观事物本来所具有的；另一类是内生的非对称信息，它是指在契约签订以后，其他人无法观察到的、事后也无法推测的行为。信息经济学主要研究信息的价值与发掘成本，以及在信息不对称条件下的制度安排路径。代理人可能出现因追求自身利益，或者与委托人利益相冲突而产生"道德风险"和"逆向选择"的行为，这也就引起了"委托代理"关系中如何激励的问题，应设计最优激励机制，以对代理人进行激励和约束，从而降低代理成本。

第四章　新时代人才激励机制

人才激励机制是指在组织中采取一系列措施和制度，目的是吸引、留住和激励优秀人才，以激发人才的工作热情和创造力，提高组织的工作效率和经济效益。这些措施和制度可以通过薪酬激励、职业发展、培训机会、福利待遇、荣誉奖励等多种形式来实施，旨在让员工萌发实现组织目标的动机，形成实现目标的的动力，引起并维持实现组织目标的行为，并通过绩效评价，获得自豪感和相应的奖酬，强化自己的行为。

组织通过激励机制所形成的推动力和吸引力，能够使成员更加认同组织的价值观和使命，进一步提高成员的工作满意度和绩效水平，为组织的发展提供强有力的保障。同时，建立和完善人才激励机制也是组织实现可持续发展的重要途径之一，有利于企业在激烈的市场竞争中保持核心竞争力和竞争优势。

第一节　组织激励

组织激励是指运用组织责任及权力对员工进行激励。它利用激励的原理和组织制度实现对内部人员的激励，同时提升整个组织的效率。组织激励的特点在于，从组织需要出发推动组织成员为实现特定的组织目标而努力，在此过程中，组织结构、组织资源、组织措施成为激励的条件和手段。组织激励的研究关注如何利用组织条件来激励员工更好地工作，从而实现组织与员工的共同发展。

一、组织激励的特点

组织激励是出于更好地实现组织目标且从提高员工的工作满意度出发进行的组织管理行为，具有自身的特点，这部分将从组织激励的任务和思路出发说明组织激励的特点。

（一）组织激励的任务

组织激励通过利用组织制度等特定条件以及激励的一般原理来实现组织目标。组织激励的任务包括以下两个方面：

1.激励是对行为的干预

激励是一种典型的干预他人行为的措施，这种措施具有明显的目的性。值得注意的是，这种目的往往不是个人的，而是组织的共同目的，因而属于典型的管理行为。组织激励是针对员工的行为，通过对员工加以引导来改变组织成员行为选择的过程，从而提高员工工作的自觉性，增强其行动的凝聚力，使组织中的成员劲往一处使、心往一块去。这也说明了组织激励实现的条件，即需要借助组织的力量以及组织的资源才能实现既定目标。

2.激励是对工作的促进

组织激励的目的是实现组织目标，这种干预是将成员的行为引导向有利于实现组织目标的方向，具体的表现形式是针对组织中的职务工作加以干预，以实现提高组织绩效的目的。

（二）组织激励的思路

组织激励的思路是需要从组织成员个体的需求出发，改变影响行为动机和行为选择的一些因素，最终使员工能够自觉按照组织要求行动。组织激励的思路包括以下三个方面：

1.以行为主体的依赖性为前提

在这个思路中，组织被看作一个协作体系，员工之所以加入这个协作体系，是因为他们的某些需求无法单独满足。加入协作体系，他们可以与其他成员进行社会化协同合作，克服某些限制条件，以实现共同的目标，在此基础上满足个人需求。

2.以行为条件的可变性为依托

这一思路关注激励的可能性。如果个体行为动机中的因素不受影响且不可改变，那么激励无法产生作用。然而，行为动机是可以通过对象、评价和选择等环节受到影响的，这为激励提供了可能性。

3.以行为方式的自觉性为关键

由于行为选择是个体主观选择，因此激励措施需要使行为主体自己在主观上愿意接受并自觉选择这样的行为方式，激励才能真正地发挥作用，并长期地发挥作用。

二、组织激励的依托

组织激励的成功实施需要依赖规章制度的支持和资源分配的条件。

1.规章制度

规章制度在组织中扮演着关键角色，既是群体演化成组织的重要条件，也是实施组织激励的前提条件。规章制度明确了激励者的地位，为激励机制的实施提供了框架。在组织中，激励者通常通过规章制度来设定职位的职责和工作要求，从而激发组织成员的积极性。规章制度牵涉到职位责任、权力分配、薪酬待遇等多个方面。

责任指明了每个职位应该履行的工作任务。责任是通过规章制度来设定的，工作完成的标准和细节也在规章制度中明确。规章制度对职位的责任进行了定义，为激励的实施提供了指导。通过规章制度调整职责分配，也可以实现组织激励。

权力是指每个职位在组织中支配资源的能力。这种资源支配能力需要规章制度的保障，否则将失去效力。因此，组织成员的行动能力需要得到规章制度的明确和支持，以保证权力的有效行使。

待遇是根据工作责任完成情况提供的回报，也是组织为行为主体提供的利益。与责任和权力一样，待遇也需要通过规章制度来明确定义。

可以说，规章制度是组织激励成功实施的关键支持，通过规定职位职责和行为准则，规章制度影响和引导组织成员的行为。

2.资源配置

资源配置对于组织激励至关重要，激励者需要拥有不同类型的资源，包括经济资源、权力资源和关系资源。

经济资源指激励者可以动用的资金或企业利润。首先，这些资源用于支付组织成员的薪酬和福利，以满足他们的基本需求，维持他们的生活。此外，组织激励过程中可能需要投入一定的经济资源，用于激励计划的实施和维护。

权力资源是指组织提供给某些职位的权力。从职位的设计角度来看，权力资源是必要的，它满足了组织成员的需求，也是激励实施的关键支持。这种资源可以帮助组织成员更好地完成任务，并在组织内部发挥重要作用。

关系资源同样至关重要，因为良好的人际关系可以满足社交需求，同时也会影响人际互动方式，进而影响个体的行为选择。组织是否能够提供所需的关系资源，对激励方案的效果产生影响。

三、组织激励的措施

（一）满足需求

满足员工需求是组织激励的关键要素，组织需要根据员工的需求来制定激励计划，包括以下几个方面：

物质需求：这包括员工的薪酬和福利。薪酬构成包括基本工资、奖金、津贴和补贴等。此外，组织应该关注员工的住房、医疗和各种保险，以确保他们的经济稳定。

安全需求：员工希望有一个安全的工作环境，不用担心失业。组织应该谨慎处理裁员问题，关注员工的劳动环境和人身安全。

归属与爱的需求：员工需要感到自己属于组织，需要组织的关怀和爱。这包括员工对组织的依赖程度、归属感、骄傲感以及组织对员工的关爱。

尊重需求：这包括自尊和外界尊重。员工的自尊与组织对员工的尊重、员工之间的相互尊重有关。有效满足尊重需求的方法包括倾听、交流、表扬、赞美、员工参与管理、内部岗位轮换、升迁机制和创建学习型组织。

自我实现的需求：这涉及合理设计职务和让员工参与管理。员工参与管理可以影响他们的自主性，提高工作动力，增强对组织的忠诚度，提高生产效率，提高工作满意度。员工可以参与目标制定、决策、绩效考核和评估等方面的工作。

满足员工的需求是激励员工，提高他们的工作满意度和绩效的重要步骤。组织需要关注并满足不同员工的多样化需求，以实现组织共同目标。

（二）明确目标

目标管理，又称 MBO（Management by Objectives），是由管理专家彼得·德鲁克于 1954 年首次提出的管理概念，其核心理念是通过管理者和员工合作设定目标、明确职责，并将这些目标作为绩效评估的依据。其主要步骤如下。

一是确定目标。首先，根据外部环境和内部条件，确定组织在一定时期内的总体经营目标，包括贡献、利润、市场和发展目标。然后，将这些总体目标逐级分解，以形成一个协调和相互关联的计划目标体系。

二是实施目标。目标的实施是关键阶段，它涉及赋予目标执行者必要的权力，以发挥他们的积极性、主动性和创造力。领导者的任务包括了解情况、组织协调、提供信息和支持员工，以帮助他们实现计划目标。

三是成果评价。成果评价有两个主要目的。一是了解各级目标的完成情况，为奖励或批评提供依据；二是用于总结经验和教训，以便进一步提高目标管理水平。评价的标准包括目标的完成程度、完成目标的难度以及为完成目标所付出的努力程度。

四是结果反馈。目标管理通常以结果反馈结束，这一步骤包括管理者和员工一起讨论结果和过程，识别改进的机会，吸取经验教训，并为下一个周期的目标设定制定计划。

（三）比较成效

提高员工对工作的满意度和对组织的忠诚度需要关注公平感，以下是公平理论在管理中的应用。

1.建立科学合理又切合实际的绩效考核系统

根据公平分配理论，有两个方面影响员工对公平分配的感知：一是投入；二是回报（产出）。员工将自己的投入和产出与其他人的投入和产出相比较，如果两者的比率相等，那么他们就认为分配是公平的。因此，绩效考核系统应该根据员工的能力、工作质量、效率和绩效等方面的指标来建立，确保能真实反映员工的实际贡献。

2.建立公平合理的薪酬体系

要建立公平合理的薪酬体系，组织应主要考虑两个方面：内部公平和外部公平。内部公平是将员工的薪酬按照岗位和业绩进行分类，形成一套内部薪酬系统，让员工在相互比较中感受到分配公平；外部公平要遵循市场经济规律，确保类似岗位在市场上获得相似的薪酬，以避免员工流失。

3.完善员工参与制度

员工可以参与组织的发展战略、分配制度、奖励制度、晋升制度和考评制度等的制定和执行，同时监督分配制度的执行。这样的民主参与制度能够让员工更好地理解制度制定的原则和利弊，减少改革的阻力，提高员工对组织政策执行的积极性，增进员工的公平感。

4.建立申诉制度和上下级沟通制度

申诉制度是确保员工公平感的关键因素。即使有民主参与制度，仍可能存在不公平问题。建立申诉制度，以处理员工的申诉和不公平问题，有助于提高公平感。同时，有效的上下级沟通制度也能改善员工的公平感，增进相互理解。管理部门应指定专人负责处理申诉，并提供机会减少不公平事件的发生。

（四）调整期望

麦克利兰对成就需求与工作绩效关系的理论提供了深刻的见解，他认为：高成就需求者喜欢能独立负责、可以获得信息反馈和适度冒险的工作环境，他们会从这种环境中获得动力。特别是在小企业或独立部门担任管理者角色的高成就需求者通常更容易取得成功。在大型企业或其他组织中，高成就需求者不一定是优秀的管理者，因为他们通常更关注自己的工作绩效，而不太关心如何影响他人去做好工作。

麦克利兰指出，成功的管理者通常是那些权力需求高而亲和需求低的人。当高权力需求与责任感、自制力相结合时，这些管理者通常能够取得成功。在组织实际运行过程中，如果某项工作要求高成就需求者，那么管理者可以通过直接选拔的方式找到一名高成就需求者，或者通过培训的方式培养自己原有的下属成为高成就需求者，以提升他们的成就动机。

麦克利兰的激励理论在企业管理中有着广泛的应用，具体如下：在人员选拔和安置上，了解员工的激励需求特征有助于更好地分配工作和确定职位；在建立合理的激励机制上，了解员工的需求和动机有助于建立适当的激励机制，以满足不同需求的员工。在培训和激发员工的成就动机上，麦克利兰认为成就动机是可以培训和激发的，管理者可以通过培训和激发员工的成就需求来提高生产率。

（五）塑造准则

基于综合激励理论的组织激励方式包含以下管理原则：

打造一个舒适宜人的工作环境，鼓励员工挖掘个人潜力，全面展示自身才华。

管理者不应仅仅扮演生产指导者或人际关系调解者的角色，而应充当采访者，即消除障碍，创造适宜条件，以促进员工才能的充分发挥。

强调内在奖励，即通过获得知识和不断提升技能来激励员工。管理的焦点在于创造一种环境，鼓励员工从工作中获得内在的满足感。

为确保员工能够全面展现自己的才能，应采用一系列管理制度，例如增加工作挑战性，下放管理权限，建立决策参与机制，拓展职业发展途径等。

这些原则强调营造积极的工作氛围，鼓励员工内在动机的提升，并通过管理制度的改进来满足员工的需求，以提高工作绩效和满意度。

运用强化理论激励组织成员，需要注意下列要点。

1.经过强化的行为往往会反复发生

强化行为的效果在于增加该行为将来重复发生的可能性。如果某种行为获得正向反馈，如赞扬，那么，该行为更有可能被重复。

2.及时反馈

提供即时反馈是强化的关键。即使领导只是提供了简短的反馈，也可以对员工产生积极的强化效果。如果领导忽略这种行为，其重复发生的可能性就会降低甚至消失。所以，必须把及时反馈作为一种强化手段。

3.正向强化优于负向强化

在应用强化方法时，正向强化通常比负向强化更有效。因此，在强化手段的运用上应侧重于使用正向强化，但在必要时也可以采取惩罚措施，以奖惩相结合的方式激发和引导行为。

第二节　薪酬激励

一、薪酬的基本概念和作用

1.薪酬的概念解析

薪酬，由薪和酬组成。在现实的企业管理环境中，往往将两者融合在一起运用。薪，指薪水，又称薪金、薪资，所有可以用现金、物质来衡量的个人回报都可以称之为薪，也就是说薪是可以数据化的，员工的工资、保险、实物福利、奖金、提成等等都是薪。酬，报酬、报答、酬谢，是一种着眼于精神层面的酬劳。有不少的企业，给员工的工资不低，福利不错，员工却还对企业诸多不满，到处说企业坏话；而有些企业给的工资并不高，工作量不小，员工很辛苦，但员工却很快乐，为什么呢，究其源，还是在付"酬"上出了问题。当企业没有精神，没有情感时，员工感觉没有梦想，没有前途，没有安全感，就只能跟企业谈钱，员工跟企业间变成单纯的交换关系，这种单纯的"薪"给付关系是不会让员工产生归属感的。

薪和酬就像硬币的两面，必须同时存在，同时考虑。薪和酬，亦可以称之为经济性因素和非经济性因素，所包含的内容可以用图 4-1 来做说明：

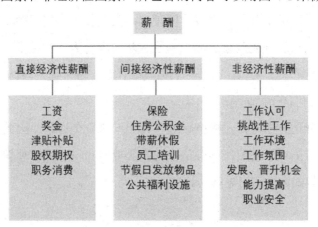

图 4-1　薪酬构成

2.薪酬分类

薪酬分为经济薪酬和非经济薪酬，经济薪酬又分为直接经济薪酬和间接经济薪酬。

根据货币支付的形式，可以把薪酬分为两大部分：一部分是直接以货币报酬的形式支付的工资，包括基本工资、奖金、绩效工资、激励工资、津贴、加班费、佣金、利润分红等；一部分则体现为间接货币报酬的形式，间接地通过福利（如养老金、医疗保险）以及服务（带薪休假等）支付的薪酬。

非经济性薪酬是指无法用货币等手段衡量，但会给员工带来心理愉悦效用的一些因素，包括工作成就、工作满意度、工作挑战性、责任感和社会体面、个人成长、团队合作氛围、实现个人价值以及友谊关怀、舒适的工作环境、弹性工作时间等。

二、薪酬因素的影响

如前所述，薪酬包括经济薪酬和非经济薪酬，两者具有不同的激励意义和作用。经济性薪酬对招募（吸引）和维系员工具有最根本的作用，但容易被竞争对手所模仿，形成劳动力价格上的竞争，而且容易受到企业支付能力和人力成本的限制；而非经济性薪酬则不容易被模仿，但建立起来也更复杂，更具内在性，是企业气质的自然流露。只有通过两者的有机结合，才能充分发挥薪酬的激励力量和效率。不同薪酬因素对吸引、维系和激励员工的意义是不同的（如表 4-1 所示）。

表 4-1 广义薪酬的影响

广义薪酬因素	对员工的影响		
	吸引	维系	激励
工资	高	高	中
福利与津贴	低	中	低
短期激励	高	中	高
长期激励	中	高	中
非经济薪酬	低	高	中

1.工资

工资对于员工的吸引和维系具有高度的影响，尤其对于那些"为钱而工作"的人具有最强的吸引力。在企业雇主品牌和职场口碑尚未建立之前，工资是最直接的薪酬表达方式，企业在对外招聘的过程中，工资水平和支付方式也最受关注。工资因素对于员工的激励影响相对中性，原因是企业不可能无限制地不断提高工资水平，水平越高其弹性越高，员工越缺乏安全感。

2.福利与津贴

福利与津贴对于员工的吸引和激励的影响最低，但相对而言，更利于维系员工。一些绩优企业，为了维系优秀和核心员工，开始拓宽了福利与津贴的内涵和外延，比如在给予的对象上，不仅仅给予员工本人，员工的直系亲属乃至配偶的直系亲属也可享受；在项目上，不仅仅在车贴、房贴、婚丧、节日等传统福利项目上使用，也在员工（亲属）生日津贴、保姆费、早晚会议补贴、人寿保险等项目上体现公司的人文关怀。

3 短期激励

短期激励对于员工的吸引和激励具有高度的影响，包括具有明显竞争力的绩效工资、提成、奖金、分红等，少数企业还运用承包经营的考核激励方式。由于短期激励的性质是短期行为，双方的金钱关系和交易关系明显，因此短期激励因素对于员工的关系影响相对中性。

4.长期激励

长期激励对于员工的吸引和激励的影响相对中性，但对员工的维系具有极强的影响。通常情况下，企业一般把长期激励运用于中高级管理人员和技术人员，少数企业则使用"员工持股计划"，覆盖了全体员工的 80%以上，在一些"智力雇用资本"行业（如咨询公司、会计事务所等）的企业里则可能覆盖得更多。

5.非经济性薪酬

非经济薪酬对于吸引员工的影响较低，但对于员工的维系与激励具有较强的影响，如图 4-2 所示。

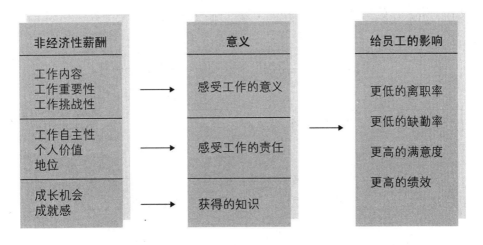

图 4-2　非经济性薪酬对员工的影响

三、薪酬激励方式

薪酬激励就是组织通过提供一定的报酬来激发组织成员努力完成一定的工作任务，从而达到组织目标。广义地说，薪酬激励有两种形式：一是外在报酬激励，例如组织通过提高工资、奖金福利和社会地位等对员工进行激励；二是内在报酬激励。即通过工作任务本身（如认可度、成就感、影响力、胜任感等）来进行激励。　以下重点介绍三种薪酬激励方式：浮动工资方案、弹性福利制度以及员工认可。

（一）浮动工资方案

调查研究表明，尽管员工的工作表现受多种因素影响，但薪酬尤其是外在报酬，对员工的工作满意度产生直接而显著的激励效应。为建立最有效的薪酬体系，必须同时满足内部公平（对员工的工作绩效进行客观和公正的评估，提供相应的报酬）和外部竞争力（确保在劳动力市场上具备竞争力，可通过薪酬调研确定）。根据期望理论的观点，浮动工资方案可以更紧密地联系个体绩效和组织奖励，从而有效激励员工。浮动工资方案多种多样，包括计件工资、绩效工资、奖金、技能工资、利润分享和收益分享等。

1.计件工资

计件工资是根据合格产品的数量和预设的计件单位来确定薪酬的制度。它不是根据劳动时间来计算，而是以一定时间内的劳动成果作为衡量标准。计件工资将员工的产出与报酬紧密相连，鼓励员工提高产量，员工要想获得更多的报酬，就得有更多的产出，就得付出更多的努力。尽管对于一些职位（如生产工人、销售员）来说，计件工资能够产生激励作用，但对于一些难以通过数量反映工作成果的职位，如教师、足球教练、服装设计师等，则不太适用。

2.绩效工资

绩效工资以对员工绩效的有效评估为基础，将工资与绩效结果挂钩的工资制度。绩效工资的优势在于高绩效员工可以获得更多的加薪和晋升机会。如果设计得当，绩效工资可以让员工认识到自己所获得的报酬和个人绩效是紧密相关的。从期望理论和强化理论的角度来看，这会促进员工付出更多的努力以实现更高的工作绩效。绩效工资和绩效评估方案紧密相关，公平、客观的绩效评估方案是绩效工资用以激励员工的关键。

3.奖金

奖金作为一种工资形式，其作用是对与生产或工作直接相关的超额劳动给予报酬。奖金是劳动者在正常劳动定额之外创造社会所需的劳动成果时，给予劳动者的物质补偿。奖金具有较大的弹性，可根据工作需求设定标准、范围和奖励周期，有针对性地激励特定工作。奖金通常只在企业盈利时才会发放。然而，弹性也可能导致员工薪酬波动，特别是当奖金占到员工收入的大部分时，就容易出问题。

4.技能工资

技能工资是指根据员工个人所掌握的知识技术和所具备的能力制定工资报酬的支付制度。技能工资能够激励员工学习组织需要的各种知识和技能，能够增强企业员工队伍的灵活性，同时还能促进组织内的沟通。技能工资的缺陷在于当员工在学习、成长和不断加薪的环境中感到力不从心时会心理受挫，而且员工可能会花费时间去学习一些可能不会用到的技能，这对于组织来说是一种浪费。

5.利润分享和收益分享

利润分配是围绕企业盈利能力设计的薪酬方案，可采取现金支付或股票期权的形式。实施利润分配方案会对员工态度产生积极影响，让员工拥有更强的责任感。收益分配是一种基于公式计算的群体激励方案，利用群体的生产率从一个时期到另一个时期的改进来决定员工可以分配到的总金额。与利润分享不同的是，收益分享将奖励与生产力挂钩，而非与利润挂钩，即使企业未盈利，员工仍可获得奖励。由于收益归员工群体所有，高绩效员工会促使低绩效员工更加努力工作，从而提高整体绩效。

（二）弹性福利制度

1.弹性福利制度概念

弹性福利制度，也被叫作"自助餐式的福利"，是一种不同于传统固定式福利的新型员工福利制度。在这种制度下，员工可以从企业所提供的一份列有各种福利项目的"菜单"中自由选择自己所需要的福利。这种制度的理论基础来源于期望理论，因为它将组织的奖励和员工的个人目标紧密关联，为员工提供了个性化的薪酬和福利组合，以满足他们的当前需求。弹性福利制度能够很好地反映员工在年龄、婚姻状况、孩子数量等方面的差异。

2.弹性福利制度类型

由于企业经营环境的多样化和企业内部的特殊性，弹性福利制度在实际操作过程中逐渐演化为以下几种有代表性的类型。

（1）附加型弹性福利计划。这是最受欢迎的一种形式，就是在现有福利计划的基础上，额外提供不同的福利措施或升级现有福利项目，以供员工自由选择。

（2）核心加选项计划。它由"核心福利"和"弹性选择福利"组成。前者是每位员工都可以享有的基本福利，不能自由选择；后者可以随意选择，并且附有具体指标。

（3）弹性支付账户。员工每年可以从税前总收入中拿出一定的资金建立自己的支出账户，用这个账户选择购买雇主所提供的各种福利措施。拨入支用账户的金额无须扣缴个人所得税，这可以增加员工税后的实际收入。

（4）福利套餐型。由企业同时推出不同的"福利组合"，每种组合包含不同的福利项目或优惠级别，员工只能选择其中一种，性质如同餐厅里的套餐消费。

（5）选高择低型。福利计划一般会给员工提供几个不同项目和程度的"福利组合"供其选择，基于组织现有的固定福利计划，可以相应地规划几种不同的福利组合。这些组合的价值和原有的固定福利相比，有的高，有的低。如果员工看中了一个价值较原有福利措施还高的福利组合，那么该员工就需要从工资中扣除一定的金额来支付中间的差价。如果该员工挑选了一个价值较低的福利组合，他就可以要求雇主发放中间的差额。

3、弹性福利制度的优势和缺陷

弹性福利制度的优势在于充分考虑了员工的个人需求，提高了福利计划的适应性；企业无须提供那些员工不需要的福利，有助于节约福利成本；可以让员工参与其中，切实感觉到企业给自己提供了福利。

弹性福利制度也存在缺陷，一是造成了管理负担，增加了福利管理成本；二是可能会出现"逆向选择"的倾向，员工可能会为了享受金额最大化而去选择自己并不需要的福利项目；三是允许员工自由进行选择，可能会造成福利项目实施的不统一，这样就会减少统一性模式所具有的规模效应。

（三）员工认可

在赫茨伯格的双因素理论中，薪酬属于保健因素，能够减轻员工对工作的不满，而认可则属于激励因素，可以显著激发员工的积极性。研究表明，物质报酬在短期内更有效，而非物质报酬在长期内更具激励作用。员工认可明显属于非物质报酬，即精神奖励。

员工认可可以以多种形式出现，可以是自发的、私人的感谢，也可以是广泛宣传的正式方案，如"年度之星"评选。在这些正式方案中，特定行为类型会受到鼓励和表扬，并且获得认可的程序也是明文规定的。员工认可的一个显著优点是成本较低，因为表扬通常是免费的，这也促使其广泛应用。然而，一些批评人士认为员工认可可能会被管理层滥用，用作管理手段。在那些绩效标准相对主观或不明确的工作领域中，管理人员可能会操纵这些方案，只认可他们喜欢的员工，导致不公平感，降低员工积极性和士气。因此，员工认可如果被滥用，认可方案可能会失去其价值。

总之，薪酬激励能够明确地将员工的付出与回报相联系，激发员工的工作热情，提升工作动力和工作绩效。此外，它还可以吸引和保留优秀的人才，促进员工的职业发展和成长。

然而，薪酬激励也存在一些挑战和限制。如果设计不合理或者实施不当，可能会导致员工之间的内部竞争和不公平感。此外，过分依赖薪酬激励也可能忽视了其他非经济因素对员工动机的影响。

因此，在实施薪酬激励时，组织应该综合考虑员工的个体差异、工作性质以及组织文化，确保薪酬制度能够有效地激发员工的积极性，并与其他激励手段相互配合，以实现组织整体绩效的提升。

第三节　文化激励

古往今来，得人心者得人才，善激励者得人心，企业文化是保持长久激励的最好措施。并且，企业文化也是在企业发展过程中逐渐被大家认同的，是一种无形的力量，对于调动员工的积极性，提高企业的凝聚力有着不可忽视的作用。企业通过文化建设，形成一套适合自身发展战略的文化体系，并得到广大员工认同，就能有效发挥文化的导向、约束、凝聚、激励、调节、辐射等作用，最大程度实现多层面的自主管理，这也是当今世界许多企业所采用的一种现代人力资源管理方式。

一、文化激励的产生

组织文化（也可以说是企业文化）是在一定的历史条件下，某一组织在其发展过程中形成的共同的价值观、精神、行为准则及其在规章制度、行为方式和物质设施中的外在表现。组织文化构成了一个企业之所以是这个企业而不是其他企业的重要标志。

（一）国外组织文化的发展

企业文化作为一种管理新趋势，其兴起与美国与日本在几十年来的经济竞争直接相关。20 世纪 70 年代末 80 年代初，组织文化首先兴起于美国。它是在美国企业经济效益下降，开始落后于日本及西欧一些国家的历史背景下产生的。1970 年代，日本的产品大举进入世界市场，所向披靡，许多欧美产品的传统市场都被日本产品夺占。这使素以经济实力强大、企业管理的理论与实践蜚声全球的美国也尝到了竞争失败的苦果。美国人不得不开始自我反省，并开始重视对日本的研究，探索其经济和企业成功的奥秘。1982 年，美国出版的《公司文化》首先提出了企业文化的观念。美国人的研究发现，传统的管理理论已无法解释日本经济和企业成功的原因，日本企业的成功在于它重视了人，强调以人为中心，面向职工，提出了共同价值准则和文化的概念。企业文化在日本企业成功中发挥了极其强大的积极作用。他们把企业文化上升为一种新的管理理论，并认为企业文化是一种新的管理革命。美国著名的管理学家、文化管理学派的主要代表人物劳伦斯·米勒就指出：管理正在重新寻找它的灵魂，美国最卓越的公司与最优秀的管理人员，正在辩论自己的企业应建立在哪些价值观上，他们日渐认清价值观、行为以及生产力之间的关联，他们正塑造自己的公司文化，以便诱导员工对公司忠心耿耿，发挥创造力，并替自己带来最大的效益。

管理学家威廉·大内参照美国行为科学家麦格雷戈的 X 理论和 Y 理论，以日本企业文化为参照系，提出了著名的"Z 理论"，强调组织管理的文化因素，并认为组织在生产力上不仅需要考虑技术和利润等硬性指标，而且还应考虑软性因素，如信任、人与人之间的密切关系和微妙性等，主张以坦白、开放、沟通作为基本原则来实行"民主管理"。

1.信任

威廉·大内认为，信任可以使企业中的各个部门为照顾企业的整体利益而做出牺牲；信任可以使员工坦率诚实地对待工作和他人，对企业忠诚，关注企业劳动生产率的提高。

2.微妙性

威廉·大内认为，人与人之间的关系是复杂而又微妙的，因为人既可能通过沟通彼此理解，也可能因为难以沟通而使彼此关系陷入僵化。只有相处久了，才能准确了解每个人的性格，才能组成工作效率最高的搭档；强迫命令不会产生微妙性；微妙性一旦丧失，劳动生产率就会下降。由此可见，人自身作为一个整体存在着许多矛盾，用不同的方法处理解决这些矛盾，可能得到截然不同的管理后果。所以，重视发展人际关系，并且提倡人的理解和沟通，是管理的重要方式之一。

3.亲密性

人作为一种感情和理智兼具的动物，可能会为了集体或者他人而牺牲自我。因此，从人作为一个整体出发，可以通过提倡和鼓励爱心，不断唤起员工对集体的信任感，增加他们之间的凝聚力，促进人际关系的沟通和改善，让组织结构尽量趋于稳定。

日本企业的成功充分证明了亲密的感情在工作中的重要性。社会的亲密性一旦崩溃，员工就会对企业失去信任，从而产生恶性循环，最终导致劳动生产率降低。

作为一种新型的管理理论，Z 理论是对 X 理论和 Y 理论概念的扩展。X 理论和 Y 理论强调管理者个人的领导风格，对人性提出了两套对立的假设，而 Z 理论不强调管理者个人的态度和行为模式，它关注的是整个组织的文化，特别强调组织文化对整个组织管理与发展的促进作用。

（二）国内组织文化的发展

中国学者在组织文化上也有深入的发展，他们对组织文化的理解侧重点则在文化，侧重于从文化的分析来探讨组织文化的概念。

1.三层次说

组织文化由三个层次内容构成。第一层次是文化层次的外显部分，指企业组织中的厂房、设施、机器、装备、产品、厂容厂貌等外显的、物质形态的东西。第二层次为制度文化，指组织的规章制度、公约、纪律、行为规范、服务准则等制度形态的东西。第三层次为精神文化，指组织的价值观念、信念、理想、意识等精神形态的东西。这三个层次总和起来便是组织文化。

2.两元说

两元说认为组织文化是由组织中的物质文化和精神文化两个方面的因素总和而成。物质文化是指有形的、可见的东西，如企业的厂房、机器、设施、厂容厂貌、技术设计、商品包装、商标等；精神文化指的是无形的、不可见的东西，如组织中的共同价值观、信念、传统、气氛、作风、行为准则等。

精神文化又称为"隐性文化""深层文化""软文化"等。

3.精神文化说

精神文化说认为组织文化是以价值观为核心的包括信念、作风、行为规范在内的各种精神现象,它体现在物质形态之中并发挥其影响和制约作用。

随着时代的不断发展,组织文化的观念层次即价值观的意义在企业管理和组织行为中的作用越来越明显,因而中国理论界对组织文化的探讨也不再固守原有的将组织文化进行物质文化与精神文化相分割的观念,而是把探讨的侧重点转向了组织的价值观方面。这样,在企业文化的发展过程中,对于组织文化的理解就由原来的东西方分野逐渐走向趋同,形成共同认可的组织文化理论。

(三)组织文化的内容

组织文化的内容十分丰富,作为一种文化意识,它渗透到组织管理的整个过程和各个部分。

组织文化的内容包括组织的团队精神,组织的行为规范以及共同的价值观(如图 4-3 所示)。

1.组织的团队精神

组织的团队精神是指某一特定组织在长期的生存和发展中形成的为组织成员所认同的一种健康、向上的群体意识。团队精神支持着组织中每个成员的意识,使他们协调工作,不遗余力地为实现组织目标而工作。

2.组织行为规范

组织成员进行各种行为的标准和准则,用文字等形式表达出来,也可以用习惯和理念等方式为组织成员所感知,人们会自觉按此规范去行动。行为规范表明了组织内什么行为被鼓励和提倡、什么行为被制止,它对人们的行为具有指导性和约束力。组织行为规范的基础是组织的价值观。

3.共同的价值观

共同的价值观是组织文化的核心和基石,它为组织全体员工提供了共同的思想意识、信仰和日常行为准则，这是组织取得成功的必要条件。

图 4-3　组织文化的内容示意图

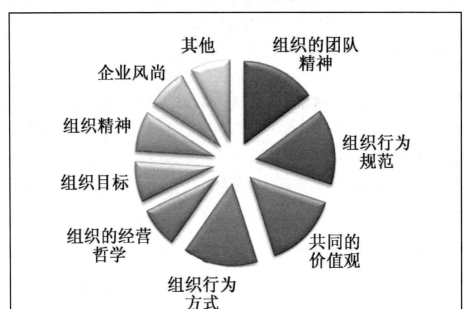

二、文化激励的内涵

吸引、留住、激励和鼓舞人才最有效的方式，是通过文化进行潜移默化的浸润。这已成为不争的事实。文化激励就是通过加强企业文化建设，充分发挥企业文化的导向、凝聚、激励及约束功能，使员工个人价值的实现与企业的发展目标相一致，企业最大限度地发挥员工追求事业和实现个人价值的能力，增强企业对人才的吸引力，也增强人才对企业的归属感。

组织文化代表了组织成员共同遵循的价值观和信仰系统，它不仅使组织与众不同，还在很大程度上塑造了组织成员的行为方式。组织文化在理解成员情感、团结成员、实现组织目标方面发挥着重要作用。在一种"人人受重视、人人被尊敬"的文化氛围中，每一位成员的付出和贡献都能得到组织及时的认可、欣赏和回馈。这种文化氛围能够激发员工的满足感、自豪感和责任心，鼓励他们全身心地投入工作。

组织可以通过创造良好的文化氛围来达到文化激励的效果。良好的工作环境能使员工身心愉悦，进而提高员工的工作效率，而优秀的组织文化氛围则可以激发员工对工作的内在兴趣，提高其对工作的积极性和满意度。文化氛围是企业的价值观、精神氛围、道德规范与制度文化相互作用的产物，它是企业的文化环境，是一种潜移默化的存在。

文化激励的表现是组织成员之间的相互支持、相互信任、团结融洽等。因为一个充满了信任和自由的环境和文化，必定会吸引很多人才。在这种环境和文化中，人们能够感受到目标感、意义感和贡献感，并因此获得激励。就企业而言，大多数用人单位都能够提供体面的薪资、福利和其他常规津贴，但能力卓越者往往更倾向于在给予了他们信任和自主权的单位工作。高能力人才有很多选择的机会，但他们往往只会被那些能够发现、谈论、发展和释放他们潜力的组织所深深吸引，在这样的组织中，他们能够获得足够的信任和激励，他们的才能也能够得到由衷地释放和发挥。

对提高员工的积极性来说，信任就是迄今为止的最佳驱动力。研究表明，信任排在驱动因素中的第一位。当员工能够信任他们的直接领导时，其全身心投入的可能性会增加 14 倍。紧随其后的驱动因素是成为组织的一员，但它仅能够使员工全身心投入的可能性增加 2.6 倍，与信任因素相去甚远。

很多时候，许多正在努力提高员工积极性的领导者，依然沿袭了指挥和控制的领导范式。这的确是一种组织管理成员的有效方法，但在提升员工积极性方面就不尽如人意。因此，为了创造沟通、信任和公平的文化氛围，管理者需要深入了解员工的情感和感受，倾听他们内心的声音，关心他们、支持他们，从而激发员工的责任感和积极性，充分发挥员工的自主性。文化激励不依赖于物质奖励或精神理想，而是通过管理者对员工的关心、尊重和信任，满足员工的情感需求，创造出以人为本的氛围来激励员工。

需要注意的是，文化激励应该因人而异，适度使用，以便实现最佳效果。管理者应当避免滥用情感，确保文化激励的内容和实施都是真诚的，而不仅仅停留在表面形式。

三、文化激励的形式

文化激励是通过对组织发展过程和发展前景的一系列设计，展现组织的价值与潜力，体现人本关怀，从而达到凝聚团队成员思想，鼓舞团队成员斗志，培育团队成员归属感的一种激励机制。

文化激励由以下几方面组成：一是树立"以人为本"的价值观，将人置于文化管理的核心，确立人的主导地位，通过卓有成效的文化活动来调动组织成员的主动性、积极性和创造性；二是在组织建设中培养民主和谐的组织氛围，通过良好、有效的沟通，以及和谐的人际关系为组织成员减压，进而为其更好地发挥创造性才能提供空间；三是致力于为人的发展积极创造条件，努力促成组织成员的全面自由的发展。组织领军人物的人格魅力也是文化激励的一部分，带头人对成员的关爱，能从情感上激发组织成员奋力攻关的斗志和决心。在这里，我们仅以常见的评比竞赛激励和集体荣誉激励为例加以说明。

1.评比竞赛激励

评比竞争激励就是指领导者通过定期举办评比和多种形式的竞赛活动以激发下属的上进心和竞争意识。

评比是比较，竞争也是一种比较。评比就是通过比较来评定出先进与落后；竞赛是一种具有竞争性的比赛方法。

评比竞赛激励的具体做法是：评比竞赛前制定具体标准和实施细则，提出明确要求，做好宣传工作；评比竞赛过程中，以事实为依据，坚持标准，客观衡量，秉公办事；评比竞赛结束后，认真及时地做好各类人员的思想工作，鼓励先进更先进，帮助后进起先进。"人往高处走"，争强好胜，不甘落后，是人们普遍的心理状态。领导者通过评比竞赛来激发和深化下属的竞争意识，充分调动他们工作的积极性和创造性，有效地促进各项工作的顺利完成。

评比竞争激励是一种已被实践证明能有效地激励员工上进心和积极性的好办法，但应该注意的是，评比和竞赛不能太过频繁，要突出重点，注重实效，避免流于形式。

2.集体荣誉激励

荣誉代表了人们社会需求中的精神奖励，是个体在社会中做出贡献并得到认可的标志。荣誉可分为两大类，即个人荣誉和集体荣誉。荣誉与人的理想和抱负息息相关，因此，不论是个人荣誉还是集体荣誉，都能有效激发人们的积极性。在激励效果上，集体荣誉所激发的力量是一种合力，远超过个人荣誉所能产生的个体力量总和。这就要求各级领导者不仅要注重个人荣誉的激励作用，也要充分发挥集体荣誉的激励作用。

以集体荣誉激励下属，是指各级领导者通过表扬和奖励整个团队来激发下属的集体认同感，让每个成员都产生一种强烈的荣誉感、责任感和归属感，从而形成一种自发保护集体荣誉的氛围。这是领导者鼓励和引导下属的良好方式，能够帮助下属树立集体主义精神，提升他们的思想觉悟。在具体实施过程中，领导者需要巧妙地将集体荣誉与每位成员的个人荣誉和利益相结合，同时创造一种友爱互助、和谐相处的氛围，使每位成员都能感受到集体荣誉的温暖，使其心情舒畅，精神振奋。

第五章　儿童早期教育与发展

今天的儿童，明天的人才。儿童，是家庭的希望，是民族的未来，是国家可持续发展的宝贵资源。我国从人口大国迈向人才强国的重要基础在于儿童。儿童发展是人的一生全面发展的基石。关注儿童发展对于提高国民素质、促进经济社会快速发展都具有重要意义。儿童早期发展是人的全面发展的重要基础阶段，其影响会延续到成年期，甚至终身。因此，对儿童发展的早期投入和干预，促进儿童身心的良好发展，对于人力资源开发、人才培养，提高国民素质、提高经济和社会效益都具有重要意义。保障和促进儿童早期发展应该成为新时期儿童保教工作的重要任务。

第一节　儿童早期发展概论

现代科学研究发现，0～3 岁不仅是人类个体神经系统结构发展的重要时期，也是大脑发育快速期，又是婴幼儿身体和心理、情感、语言和社会能力发展的关键时期。意大利著名教育家蒙特梭利强调："人生的头三年胜过以后发展，胜过三岁到死亡的总和。"最新研究表明，0～3 岁不仅是人脑和认知发展最主要、最迅速的奠基时期，同时也是自信心、好奇心、性格、情商、生活习惯等非智力品质形成的关键时期。0～3 岁早期发展是影响其一生发展的起点和开端。

一、儿童早期发展的概念内涵

1.概念

儿童早期发展（early child development）是指从胎儿期到学龄前期儿童早期的生理、心理和社会能力等发育潜力的全面发展，是儿童健康的重要组成部分，更是人一生健康和能力的基础。我们知道，生命最初几年，尤其是 0～3 岁，是儿童成长和发展重要的"机会窗口期"。在这一时期，为儿童提供良好的营养、早期启蒙、疫苗接种和安全关爱的环境，可以促进大脑的充分发育，以帮助儿童发挥他们的最大潜能。保障和促进儿童早期发展是儿童保教的重要任务。

儿童早期发展是一个复杂和综合的过程，涉及的领域较为广泛（如图 5-1 所示），发展的维度大致包括以下三方面：儿童生理层面的发展、儿童情感社会性发展以及儿童认知方面的发展。这三个方面相互联系、相互影响、协同发展。其中，儿童生理发展包括儿童体格、感知系统、运动能力和生理健康等方面的发展。情感社会性发展包括情感交流、自我理解、人际关系、亲密关系、道德推理能力和行为等方面的发展。认知发展包括注意力、记忆力、智商、语言、创造力等方面的发展。

图 5-1 儿童发展的多维度交叉图

2.童年期不同发展阶段的主要特征

童年期的发展具有阶段性特征，不同年龄阶段的儿童会发展出新的能力。重要的阶段性转变包括以下 5 个时期。

（1）产前期：从受孕到出生的 9 个月是变化最为迅速的阶段，从单细胞有机体变为胎儿。这一阶段早产会对儿童发展造成不利影响，早产儿童发展出现迟缓的可能性较大。另外，在胎儿发育期间摄入酒精、药物及吸烟等会对胎儿造成不利影响。

（2）婴幼儿时期：从出生到 2 岁。这一阶段是幼儿与外界建立关系的重要时期，伴随着大量运动、感知和心理能力出现。

（3）儿童期初期：从 2 岁到 6 岁。这一阶段儿童运动能力得到提高，思想与语言能力也出现大幅度提高，道德感日益明显。

（4）儿童期中期：从 6 岁到 11 岁。这一阶段儿童的体育技能提高，掌握了基本的读写能力，在自我理解、友情和道德感方面有了明显进步。

（5）青少年时期：从 11 岁到 18 岁。这一阶段思想变得更加抽象，情感道德和社会化发展更加成熟。

3.儿童早期发展特点

儿童发展是有一定规律性的，在儿童发展过程中，身体和心理都会发生巨大的变化。其特点主要表现在四个方面。

（1）顺序性。儿童的身心总是从低级向高级、从简单向复杂、从不完善向完善发展，不可能跳跃或逆向发展。比如语言方面，0～5 个月为反射性发声阶段，5 个月～1 岁为牙牙学语阶段，1～1.5 岁为单词句阶段，1.5～2 岁为多词句阶段，2～3 岁为简单句阶段，3 岁以后开始出现一些复杂句。

（2）阶段性。儿童的发展过程虽然是一个连续不断的由低级向高级的变化过程，但并不仅仅是线性的量的变化；到一定的年龄发展时期，儿童的身心发展表现为从量变的积累到质变的飞跃，而不同的质构成了不同的发展阶段，体现出具有一般的、典型的、本质的年龄特征。比如学前儿童的发展分为 3 个阶段，包括婴儿期（0～1 岁），这一时期是儿童心理开始发生和心理活动开始萌芽的阶段，也是儿童心理发展最为迅速和心理特征变化最大的阶段；幼儿早期（1～3 岁），这个时期是真正形成人类心理特点的时期，表现为儿童学会走路、开始说话、出现思维、有了最初的独立性；幼儿期（3～6 岁），表现为认识活动的具体形象性、心理活动及行为的无意性、开始形成最初的个性倾向。

（3）不平衡性。儿童身心发展的各个阶段及各个方面有不同的速度，学前教育的目标要求和进度应与儿童身心发展速度相符。例如，儿童身体机能的发育、儿童的语言、儿童的认知水平、儿童情感的发展均有其独特的规律，存在"关键期"现象，应当根据儿童身心发展的不平衡性确定不同的要求和进度。

（4）个体差异性。每个儿童都是一个独特的个体，在身体发育和心理成熟方面存在差异。第一，不同的儿童存在身体素质的差异：有的儿童体质较好，有的儿童体质较差；有的儿童爱动，有的儿童喜静；儿童都有高矮胖瘦之分，动作协调能力也各不相同。第二，儿童的心理素质存在差异，有的儿童音乐感知力强，有的儿童动作感知力强。第三，儿童的个性品质不同，有的内向、文静、温和，有的暴躁、外向、活泼。第四，在同一方面，每个儿童的身心发展水平和速度也存在差别，有快有慢，有早有迟。

总之，儿童的成长发展是从简单到复杂的动态过程，既有连续性，又有阶段性；既遵循一定的发展顺序，又存在明显的不确定性；既存在固有的发展惰性，又有很大的可塑性。儿童具备与生俱来的发展趋势，但也可以通过外部环境的积极塑造来实现更好的潜能。因此，我们的责任是创造支持和促进儿童发展的良好环境，关注每个儿童的个体需求，为其提供丰富的学习机会，确保每个孩子都能最大限度地发挥潜能，为他们的未来打下坚实的基础。

二、儿童早期发展的意义

已有研究表明，儿童早期几年的发展至关重要。早期发展领域的神经科学研究及纵向跟踪研究发现，产前护理和生命最初六年的经验会影响儿童身体和大脑发展。人类绝大多数能力发展的关键期和敏感期都集中在儿童早期。从生理角度看，生命早期是大脑生理结构形成和发展的关键时期，而早期的饮食和科学育儿环境不仅决定了大脑的发展潜力，还决定了这些潜力能否得到充分释放。不平等的早期发展机会可能导致后续受教育程度和学业成就的不平等，从而进一步强化社会不平等。根据国际知名期刊《柳叶刀》2007 年的儿童发展系列论文，全球有超过 2 亿名五岁以下儿童的潜能没有得到有效释放，这些潜能涵盖了认知、健康和社会情感等各个方面。

早期潜能发育不足会增加儿童期疾病和健康风险，而且还会影响其一生的生活质量。儿童早期的发展程度不仅影响儿童后期尤其是入学阶段的学业表现，而且影响成年后的收入水平、健康状况和事业成就。大量研究表明，儿童早期的认知能力、语言功能和社会情感发育水平是预测未来教育成就的重要指标，对个人经济收入水平、劳动力市场中的职业地位都具有十分重要的预测作用。

如果儿童在早期发展过程中受到多种风险因素的影响，如家庭贫困、不良营养状况、环境污染、缺乏刺激性环境、缺少安全的情感依恋关系等，这将对他们的智力和后续能力发展产生不利影响。生存条件恶劣和发展过程中风险因素的增加会对儿童的发展产生负面影响，同时也导致儿童之间的发展机会和水平出现不平等。这种不平等对个体和社会结构都将产生重要影响。因此，推动儿童早期发展、改善儿童成长环境、减少不利因素对于填补儿童后期发展的不足至关重要。通过改善儿童的成长环境，帮助他们获得更良好的起点，可以帮助他们未来获得更高的经济收入和更优越的职业地位，从而改变贫困代际传递的现象。

此外，许多研究表明，早期儿童发展的干预措施是改善机会不平等的成本效益最高策略之一。儿童早期是大脑和各项能力迅速发展的时期，早期学习的投资成本效益远高于后续的弥补性教育，针对儿童早期发展的投资和干预能够实现最大的经济回报。研究表明，干预儿童早期发展可以获得7%至18%

不等的回报率，远超金融资本的回报率。以美国的佩里学前教育项目为例，这个早期干预项目针对社会经济地位较低的家庭中的儿童，长期的跟踪研究表明，每投资 1 美元能够实现 7 至 12 美元的回报。早期干预项目为儿童的能力发展奠定了坚实基础，相较于在后期进行的干预措施，如成人的职业培训、劳动改造、成人文化课程等弥补性措施，针对儿童早期的干预效果更为显著，经济回报率更高。

我们正处在一个飞速变革的时代，当今的社会正在从工业型经济向知识型经济转变，未来世界竞争力的基础是人才和人力资源。我们面对的挑战是如何将我国的人口压力转变为人力资源优势，将人口大国转变为人才大国。今天的儿童，是明天的世界。重视儿童早期发展应该成为影响我国综合实力和未来竞争力的基本国策。为此，我们必须坚持儿童优先的方针，大力呼吁和推动儿童早期发展策略的实施。从保障和促进儿童早期综合发展着手，推动人类发展，实现社会经济的可持续发展。

三、影响儿童发展的因素

儿童早期发展受到多种因素的影响，这些因素可以分为内部因素和外部因素。以下是影响儿童早期发展的一些关键因素。

1.遗传因素

遗传素质是指个体从上代乃至祖先那里继承的生理解剖方面的特点，如外部体貌特征、内部构造、神经类型、生理心理成熟等，尤其是脑机能的特点。遗传素质是儿童发展的生理基础和自然条件，是其身心发展的物质基础和前提条件，为人的发展提供了可能性和前提。由于儿童具有从父母那里遗传的人所特有的生理结构和形态特征，才具备了只有人才具备的活动能力及发展潜质，而其他生物体无论如何教育都无法成为人。世界公认的智商较高的动物如猩猩、海豚经过严格训练可以完成某些与人相似的动作行为，但永远不具备人的发展潜力，不会习得人的语言、意识和情感。

遗传只有与社会环境和教育共同作用时，才能实现对幼儿身心发展的影响。比如，龙生龙，凤生凤，老鼠的儿子会打洞、种瓜得瓜种豆得豆体现了遗传因素对发展的影响。

2.环境因素

环境是儿童生存空间内各种状况和条件的总称。中国古代的"性相近，习相远""近朱者赤，近墨者黑"等观点，实质上是对环境与人的关系的说明。环境是儿童发展的物质基础和社会化的必要条件。环境既包括家庭环境和社会环境，也包括学前教育环境。成人应为其提供良好的环境以确保其正常发育和成长；学前儿童的发展也离不开社会环境，幼儿在与人的交往中成长，逐渐成为一个社会人。

近年来，生态意识、环境意识受到了人们的广泛重视，生态学为我们研究儿童发展的外部因素提供了一个全新的视角。传统的学前教育往往把研究的注意力放在幼儿园的小环境上，而对儿童成长环境中至关重要的经济发展状况、社会文化传统、地域特征、民众心理、宗教习俗甚至政治制度等因素的影响不够重视。生态概念的引入使我们能够从更广泛、更复杂的系统中去认识和把握影响儿童发展的诸多要素，理解教育生态环境概念可以帮助教师树立更为客观全面的大教育观，为儿童构建一个更加适宜的发展环境。

3.教育因素

与影响儿童发展的其他环境相比，教育为儿童提供的是"有准备的环境"（蒙台梭利语），起着主导作用，直接影响儿童身心素质的发展。

对婴幼儿的教育主要是家庭教育、社会教育和托幼机构的教育。家庭教育包括了父母的关爱和关怀、家庭的稳定性、家庭教育方式以及家庭内的文化传统。社会教育包括家庭的社会经济地位的影响以及社会互动，贫困家庭通常面临更多的挑战，包括较差的饮食、医疗和教育资源，这可能影响儿童的生长和学习；良好的社会互动与同伴关系可以促进儿童情感的发展。儿童早期接受的教育和托育服务可以显著影响其认知、社交和情感发展。质量高的早期教育可以给儿童提供必需的刺激和支持。

这里所说的教育是指托幼机构中的教育，是根据一定的社会需求，由经过专业训练的人员对儿童实施的有目的、有计划的较为系统的活动。教育能够根据儿童发展规律和特点，从环境中过滤不利因素，发展优良的遗传素质，从而使遗传所提供的可能性变为现实性，促进幼儿全面、健康、和谐地发展和生长。

4.儿童个体的主观能动性

儿童作为个性鲜明的个体，是积极主动的学习者，对成人提供的环境和刺激会做出不同的反应。皮亚杰认为，儿童的智慧既不是先天赋予的官能，也不是后天形成的记忆；智慧起源于动作，是在主体积极与环境相互作用的过程中发展起来的。学习是一种能动认知结构建构过程，学习不是环境刺激的被动摹写，而是儿童自身把它纳入自己的认知结构之中。正因为儿童具有主观能动性，才使得每一个儿童都具有独特的个性。因此，儿童自身的主观能动性是影响儿童身心发展最活跃的因素。

总之，儿童发展受到多种因素的影响，这些因素可以产生正面的影响，也可以产生负面的影响；既可以是近期的短暂的影响，也可以远期的持久的后果。儿童的早期发展过程又是人类个体在一生中变化最快的阶段。这种快速变化的过程，增加了儿童早期对内在的和外部环境因素的敏感性。因此，我们必须树立整体的动态的观念，认识和理解儿童发展的系统性和复杂性。

第二节　儿童早期教育概论

一、儿童早期教育的概念界定

教育按受教育者的年龄层次划分，可分为胎教、新生儿教育、托儿所教育、幼儿园教育、小学教育、中学教育、大学教育及多种多样的社会教育。我国的学前教育主要指对 0～6 岁年龄段的儿童所实施的教育，包括 0～3 岁婴幼儿的早期教育和 3～6 岁幼儿的学前教育。0～3 岁婴幼儿的早期教育一般在家庭、托育机构和早教中心进行，3～6 岁幼儿的学前教育则是在幼儿园实施的。本书所说的儿童早期教育就是对 0～3 岁婴幼儿进行的以素质教育为核心，以婴幼儿科学发展理论为依据，以婴幼儿、家长及看护人员为对象，以婴幼儿原有的发展水平为基础，以改善婴幼儿生存环境、养育环境和教育环境为途径，以人的全面发展为目标，围绕生理和心理健康成长而进行的生活照护和教育。

儿童早期教育必须适应儿童的身心发展水平，以儿童的发展为现实依据，提供最有利的条件，安排适时适当的刺激，激发儿童的主观能动作用，促使学前儿童的体、智、德、美得到充分、全面、和谐的发展，为以后的进一步发展奠定良好的基础。儿童早期教育是学前儿童发展的最重要的条件，它参与发展、引导发展、促进发展。

二、儿童早期教育的任务

3 岁前是婴幼儿体格和神经心理生长发育的重要时期。其中 0～2 岁为脑发育最快的时期，2 岁幼儿大脑的基本生理特点已与成人近似，即 2 岁幼儿便已具备了接受教育的条件。婴幼儿的感知觉、动作、认知能力、语言和思维在其不断接受外界刺激的过程中不断产生和发展，因此早期教育对幼儿的智力发展极为重要。0～3 岁婴幼儿早期教育的实践及其研究是学前教育的一个重要组成部分，其主要教育形式为托儿所教育。

1.引导婴幼儿健康发展

托育机构是为 3 岁前儿童设立的集体保教机构，负有教养 3 岁前儿童及为其父母亲参加工作提供方便的双重任务。为此，托育机构既具有社会福利性，又具有保育教育性。

保育主要是为幼儿的生存、发展创设有利的环境和提供物质条件，给予幼儿精心的照顾和养育，帮助其身体和技能良好地发展，促进其身心健康发展；教育则重在培养幼儿良好的行为习惯、态度，发展幼儿的认知、情感、能力，引导幼儿学习必要的知识技能等。托育机构应根据儿童年龄的递进关系，从"教养合一"到"教养结合"再到"教养并重"，积极创设宽松愉快的教养环境，引导婴幼儿身心健康发展。

"保教合一"是指保育和教育（养和教）是同一个过程；"保教结合"是指保育和教育（养和教）是相对独立的相互渗透；"保教并重"是指保育和教育（养和教）相对独立而同等重要。

年龄越小，教与养越不能分离。2 岁之前的婴儿教育应当完全融于养育之中，它们是同一个过程。随着儿童年龄的增长、思维的出现，"教"与"养"才有相对独立的可能性，这时在以养为主导的活动中渗透教育因素、在以教为主导的活动中渗透养育因素（幼儿园阶段），最终将逐步走向专门进行教育的可能性（学龄阶段）。但在整个儿童发展时期，养的任务始终存在。

2.培养婴幼儿良好的生活习惯

托育机构应严格执行一日生活作息制度，遵循婴幼儿身心发展规律和季节特点，合理安排一日生活，正常气候时每日户外活动不少于 2 小时，做到动静结合，做好婴幼儿生活护理和生活常规培养，培养婴幼儿的饮食、睡眠、活动、衣着、盥洗、交往等多方面的良好习惯。

3.促进婴幼儿智力、品德等多方面发展

托育机构要发展婴儿模仿、理解和运用语言的能力，通过语言及认识周围环境事物，使婴幼儿智力得到发展并获得简单的知识。要进行友爱、礼貌、诚实、勇敢等良好的品德教育。

4.提供同伴交流、群体活动的机会，提升孩子的社会适应性

在托育活动中，可以提供给孩子更多的互动机会，使孩子在活动中学会相互谦让、相互包容、相互协商。同时，托育过程也将为孩子更好地适应幼儿园生活打下基础。儿童心理学的研究证明，母亲是幼小孩子心理上的"安全基地"。孩子由寸步不能离开母亲到逐渐可以在看得见母亲的范围内和小朋友一起玩，再到能够离开母亲独立在集体中生活，这是一个自然发展的进程，0～3岁托育服务正好给孩子提供了这种适应儿童发展进程的场所。事实证明，参与过入托服务的0～3岁的孩子能够很快适应正式的幼儿园生活。

三、儿童早期教育的原则

1.多满足、少要求的原则

满足婴幼儿游戏的需要，情感交流的需要，语言、认知和社会化等发展的需要。师幼互动方式要充分体现教师对孩子各种需要的尊重与满足，体现"营造温馨的家庭式环境""满足孩子情感需要，给孩子母亲般的关爱"的教养理念。

研究者普遍认为，教师与幼儿之间的关系不是单纯的教育者与被教育者之间事务性的关系，而是带有明显的情感性特征。安德森在研究报告中指出，教师与幼儿之间的关系主要是一种教育者与被教育者的关系，但有时可以被视为如同儿童与父母之间的一种情感依恋关系。在某种程度上，婴幼儿与教师的依恋与他们对父母的依恋一样，也是以感情为纽带的。利赞德思·萨吉和莱姆勃曼的研究进一步发现：幼儿依恋的对象是那些对他们的行为做出敏感反应并提供细心照顾的教师。也就是说，如果幼儿意识到教师能够密切关注他们、及时满足他们的需要，那么幼儿便会对教师产生一种依恋性的情感；反之则不然。创设与同龄、异龄伙伴交往的机会，创设小集体一起阅读、一

起游戏的机会，对婴幼儿发展也是有积极意义的。

2.多关注、少"教育"的原则

婴幼儿教养者应学会关注孩子的发展，给予积极的支持。例如，要会观察孩子的一般行为：他们对哪些事物感兴趣？用什么方式作用于事物？提出了什么问题？是否产生了认知冲突？解决问题的困难是什么？等等。同时，也要会关注孩子的学习特点、认知规律、多元智能的差异以及个性特点。在观察、关注的基础上，予以因人而异、个性化的发展指导。

3.多自然、少刻意的原则

在早期婴幼儿教养活动中，要强调环境、材料的自然影响，倡导多提供能爬行自如、独自活动、平行活动、小群体活动的空间；提供生活中的真实物品，让孩子摆弄、操作；提供利用阳光、空气、水等自然因素开展户外锻炼的机会；提供丰富的语言环境，在生活中随时随地与孩子多讲话，进行沟通交流。在生活中引导学习，在蕴涵教育价值的环境中促进发展，是组织0～3岁婴幼儿教育活动的行动原则。

4.多观察、少定性的原则

开展婴幼儿托育活动时，可根据不同月龄、年龄的儿童在发育与健康、感知与运动、认知与语言、情感与社会性方面的发展指标，提倡根据每个孩子发育、发展的不同特点，实施个别化的教养活动。发展指标是观察的方向，它提供了成人了解儿童发展水平的依据，为遵循婴幼儿发展规律、科学地开展婴幼儿教养活动提供了指引。托育机构应为每个入托孩子建立档案，做一个全面的测量评定，根据测评的结果了解其发展的独特性，并与家长共同设计适合其年龄和个性的课程。孩子每日每次的活动，教师都应观察、记录和分析，定期为孩子调整课程内容。

四、托育机构服务质量与儿童早期教育

托育机构服务质量与儿童早期教育密切相关。托育机构作为提供婴幼儿

照护服务的主要场所，其服务质量直接影响到儿童的早期教育质量和未来的发展。

首先，托育机构的服务质量对儿童的发展有着重要影响。优质的托育服务能够为儿童提供良好的成长环境，满足其生理、心理和情感上的需求，促进儿童的身体、智力、情感和社会交往方面的发展。相反，如果托育机构服务质量差，可能会对儿童的发展产生负面影响，如认知、语言和情感等方面的发展迟缓。

其次，托育机构的服务质量也直接关系到家庭的照护负担和婴幼儿家庭的满意度。如果托育机构能够提供高质量的服务，帮助家庭解决照护问题，减轻家庭负担，提高家庭的生活质量，那么家庭对托育机构的满意度也会提高。

此外，托育机构的服务质量还与社区和社会的发展有关。优质的托育服务能够为社区和社会培养健康的下一代，提高人口素质，为社会的可持续发展做出贡献。

因此，提高托育机构的服务质量是儿童早期教育的重要任务之一。政府、教育部门和托育机构本身都应该采取措施，加强师资培训、优化内部管理、提高服务质量等方面的努力，为儿童提供优质的早期教育服务。同时，家庭、社区和社会也应该加强对托育机构的监督和评价，促进托育机构服务质量的提升。

根据 OECD 的观点，学前教育的质量评估分为两个关键方面：结构性质量和过程性质量。结构性质量主要考量教师与幼儿的比例、班级规模、师资水平以及物质环境等因素，而过程性质量更加密切关联到幼儿的生活和学习体验，包括师幼互动、学习环境和课程设计等。

基于此，美国幼儿学前教育学会制定了高质量的托育机构所应该具备的要素和标准（如表5-1所示）。

表 5-1　高质量托育机构的特征和指标

范围	高质量托育机构的特征和指标
物质环境	室内环境干净，通风良好，教育空间被划分为设施丰富的活动区域，包括儿童装扮游戏，积木，科学，数学，游戏和拼图，书籍，艺术和音乐，有围栏的户外游戏空间配备，比如秋千，攀爬设施等。
班级规模	幼儿园和保育中心儿童配比不超过 1：3，幼儿不超过 1：6，例如，如果有 12 个幼儿，那么至少要有 2 名保育人员，人员配备要尽量稳定。
日间活动	日程表包括积极玩耍，安静游戏，吃点心和吃饭，日程表要较为灵活，以适应儿童个体发展的需求，气氛要温馨且具有支持性，让儿童感受到有人照顾。
与幼儿的互动	保育人员对婴幼儿反应要及时，同幼儿说话，给他们唱歌或读书，尊重幼儿的个体兴趣，以包容性刺激的方式与幼儿互动
保育人员资质	保育人员需要接受儿童发展，急救和安全方面的培训
与父母的关系	随时欢迎父母到来，保育人员需要经常与父母讨论儿童的行为和发展
许可证和认证	不论是保育中心还是家庭式托育服务，都必须得到州或省的许可和认证，美国的幼儿认证学会或全美家庭儿童保育协会所做的认证质量较高，以保证托育机构的质量和行业规范。

第三节　托育服务与儿童人力资本积累

一、人力资本的形成周期

人力资本的形成与发展是一个贯穿于个体生命周期的动态过程。诺贝尔经济学奖获得者赫克曼（Heckman）及其博士生卡内洛（Carneiro）等经济学家率先引入了公共投入的成本－效益分析框架，用以研究人力资本政策的效果。他们提出了"赫克曼曲线",描述了从学前教育、学校教育到继续教育阶段的人力资本投资边际回报逐渐减少的现象。简言之,在其他因素不变的情况下,早期的人力资本投资总是比后期的回报更高。对"赫克曼曲线"的解释包括三个方面。

首先,心理学和脑科学的研究明确指出,早期人力资本投资的回报时间相对较长,而且早期的能力尤其是认知能力,更具可塑性。其次,技能的形成呈现出自我增值的特点,早期获得的技能将在后期继续发挥作用,促进其他技能的习得。例如,早期培养的自控力和情绪稳定性将有助于积极学习和求知欲的发展,从而促进认知能力的提高。第三,技能的形成具备互补性,早期技能的习得将增加后期人力资本投资的回报率,不同生命阶段的人力资本投资能够相互协同增效。为充分发挥早期投资的作用,需要持续不断地进行人力资本的投入。

自我增值和互补性的特点使技能的习得存在着乘数效应,这引发了技能的聚集性发展过程。赫克曼在发表于《科学》(Science)等期刊上的多项研究中强调,技能的形成与发展存在关键时期和敏感时期,这将影响个体能否获得某一类技能以及能够习得的技能数量。儿童时期的人力资本投资具有高回报率,而在青年时期采取补救措施将更加困难且成本较高。因此,对于儿童时期的人力资本投入,不存在公平和效率之间的权衡问题,应积极进行高质量的干预,促进儿童人力资本的积累。

0~2岁幼儿入托率与3~5岁儿童入园率之间存在紧密的联系,因为儿童养育和早期教育是一个持续的过程。入园率通常被视为学前教育和早期教育发展的重要衡量指标,对于一个国家未来的人力资本积累和经济可持续发展具有关键作用。根据经验,OECD国家的0~2岁幼儿入托率在很大程度上影响了后一阶段3~5岁儿童入园率,这两者之间呈现出明显的正相关关系。这意味着提高0~2岁幼儿入托率有助于保证更高的3~5岁儿童入园率。人力资本的积累是一个渐进的过程,而教育则贯穿生命周期,因此更好的儿童养育不仅对当前阶段至关重要,还对未来生活阶段产生积极和深远的影响。

二、托育服务质量与儿童人力资本积累

在影响儿童人力资本积累的众多因素中，家庭收入、父母照料，以及儿童的学习和生活环境等因素受到大量研究关注。既往研究显示：家庭收入的提高将有助于改善儿童的膳食、家庭卫生状况，增加教育机会，并能够促进儿童的医疗服务利用，进而促进其人力资本的发展；相比于他人照料，父母的有效陪伴和养育能够显著降低婴幼儿的死亡率，并且能改善子女的营养健康和心理发展状况；除了家庭环境外，良好的学校、社区环境和同伴关系也都有助于儿童的身心健康与技能发展。如果儿童被放置在劣质的托育机构，儿童将会受到各种伤害，而优质的托育机构则会促进儿童发展。一项针对200多名低收入家庭2～4岁儿童的研究表明，儿童在高质量托育机构中心的时间越长，就表现出越少的情绪和行为问题。

儿童人力资本积累是一国未来经济社会可持续发展的关键支撑。早期教育对儿童人力资本积累的重要性已经达成共识，幼儿出生后的1000天被视为影响未来长远发展的关键阶段或"窗口期"，这一阶段投资的终生回报率最高。托育服务发展不仅仅解决婴幼儿照料问题，同样也发挥早期教育开发的重要功能，尤其高质量的托育机构和服务更为重视早期教育，这对于儿童未来认知能力和非认知能力发展都具有积极作用。

有研究表明，托育服务发展对于青少年阶段素质水平提升具积极意义。通过观察幼儿阶段的平均入托率与青少年阶段的素质能力测试成绩之间的关系，探讨托育服务发展对儿童人力资本积累的影响。国际经验提供了证据，2000年以来0～2岁幼儿平均入托率与15岁青少年PISA测试成绩呈现显著的正相关关系，入托率越高的国家，青少年阅读水平越高，数学计算能力越强，科学素养也更高，男性和女性青少年都呈现类似特征（见图5-2、图5-3、图5-4）。根据计量经济模型估计显示，0～2岁幼儿入托率对15岁青少年阅读水平的边际影响更大，其次是科学素养和数学计算能力。

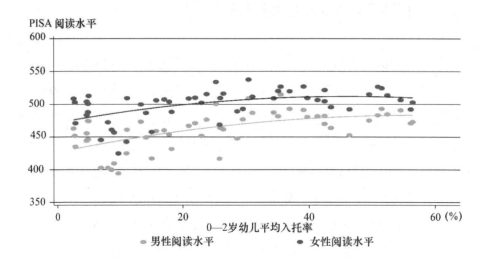

图 5-2　OECD 国家 0～2 岁幼儿平均入托率与 15 岁青少年阅读水平

注：青少年阅读水平为 15 岁青少年 PISA 测试阅读水平得分（Mean average score in reading by sex）。以 2000 年以来各国报告数据为观察对象。

资料来源：OECD Family Database, 2021 年 1 月 27 日获取。

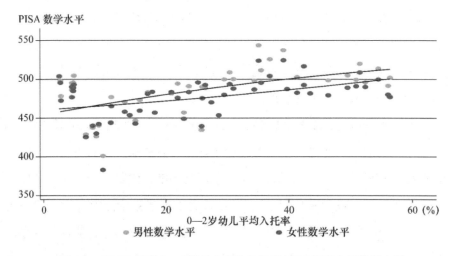

图 5-3　OECD 国家 0～2 岁幼儿平均入托率与 15 岁青少年数学水平

注：青少年数学水平为 15 岁青少年 PISA 测试数学水平得分（Mean average score in mathematics by sex）。以 2000 年以来各国报告数据为观察对象。

资料来源：OECD Family Database, 2021 年 1 月 27 日获取。

PISA 科学素养

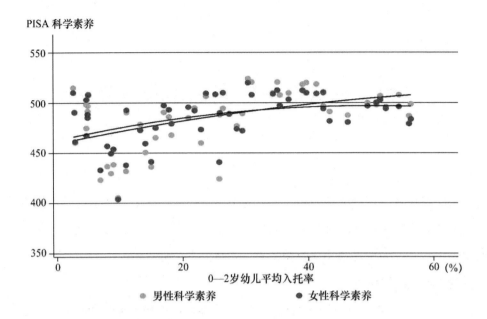

图 5-4　OECD 国家 0～2 岁幼儿平均入托率与 15 岁青少年科学素养

注：青少年科学素养为 15 岁青少年 PISA 测试科学素养得分（Mean average score in science by sex）。以 2000 年以来各国报告数据为观察对象。

资料来源：OECD Family Database, 2021 年 1 月 27 日获取。

托育服务发展对于儿童人力资本水平积累发挥了中长期影响。相对于提高生育率水平，托育服务发展对一国未来人力资本积累的意义更为深远，托育服务发展的政策目标也应该更加广泛，而加强儿童认知能力和非认知能力开发，推动下一代人力资本积累理所当然需要纳入其中，甚至应该摆在首要位置。

第六章　托育服务研究综述和政策进展

　　家庭抚育一直以来都是最主要的儿童养育方式，然而，随着现代生活方式的变革，越来越多的女性走进职场，使得传统的家庭照料婴幼儿的方式显得力不从心。为满足婴幼儿照护需求，儿童托育服务机构应运而生，并逐渐成为人们关注的焦点。

　　研究表明，3岁以下婴幼儿托育服务具有显著的积极外部性和社会公益性。它有助于满足家庭对托育服务的需求，激发育龄人口的生育意愿，支持父母重新融入职场，促进性别平等在就业和家庭领域的实现。与此同时，发展托育服务也对释放消费潜力、激发投资活力、增加就业机会以及培育国内市场具有重要意义。

第一节　托育服务研究综述

　　托育服务在中国处于重新起步阶段，相关研究工作在近年来才逐渐增多。通过分析现有研究文献，我们旨在更清晰地理解相关概念、理论和方法，以及系统全面地追踪相关研究的进展情况。与此同时，我们还期望通过对托育服务政策演变过程的系统整理和综合分析，为建立更全面的托育服务供给体系，提高托育服务质量打下坚实基础。

一、托育服务相关概念研究

目前，关于托育服务还没有明确统一的界定。不同国家在不同的发展阶段对托育服务的定义存在差异，而这些差异往往又会对相应国家的托育服务政策产生一定影响。联合国儿童基金会将托育服务置于儿童早期发展的范畴内。儿童早期发展是指儿童在身体、认知、情感、社交适应、语言等各方面的全面成长，这一过程覆盖了受孕到出生、0～3 岁的婴幼儿、3～6 岁的学龄前儿童、6～8 岁的儿童等不同发展阶段。托育服务，尤其是指 0～3 岁的婴幼儿托育服务，主要包括了婴幼儿在家庭之外接受的来自各种个人、团体或机构提供的照料和教育服务（联合国儿童基金会，2017 年）。根据联合国的定义，0～3 岁的婴幼儿托育服务具有三个显著特征：从服务形式来看，是相对于家庭抚育的社会托育服务；从服务对象来看，是为 3 岁以下婴幼儿及其家庭提供服务；从服务内容来看，既包括以照料为主的保育服务，也包括以提高认知能力和传授知识为主的早期教育服务。

1.托育服务体系的类型划分

从世界各国的实践来看，托育服务体系主要有两种类型：一种是分离型体系，即将托育服务和学前教育按儿童的年龄划分为不同类别。在这一体系下，不同年龄段的儿童将进入不同类型的服务机构。对于 3 岁以下的婴幼儿，他们主要接受托育服务，这些服务通常由托育机构（例如托儿所）提供，内容主要侧重于照料和保育，由保育员来负责。而对于 3～6 岁的学前儿童，则会进入以幼儿园为主要形式的学前教育机构，这些服务更加注重早期教育，通常由专职教师提供。

另一种类型是一体型体系，即不对儿童的年龄做明确区分，将托育服务与学前教育融为一体。在这种情况下，服务机构不设定明确的年龄分界线，托育和学前教育服务在同一机构内为儿童提供连续的服务。这意味着在义务教育之前，照料性的服务和教育性的服务都被视为"学前教育"的一部分，并遵循统一的教育指导纲要。

目前，多数国家的托育服务与学前教育是相对分离的，分界年龄一般是 3 岁，也有的国家会提前到 2 岁半，或推后到 4 岁。但从托育服务发展的历程来看，一体型是由分离型逐步过渡来的，因而在一个国家或地区可能同时存在两种类型的服务体系。同时，越来越多的国家开始进行一体化改革，支持开办针对 0～6 岁儿童的混龄服务机构，并逐步从法律、政策、管理等方面构建面向 0～6 岁儿童的学前教育体系。

2.我国的托育服务类型

当前，我国的托育服务属于分离型体系，以 3 岁作为托育服务与学前教育的划分界限。根据 2019 年国务院办公厅下发的《关于促进 3 岁以下婴幼儿照护服务发展的指导意见》、2020 年国家卫生健康委印发的《托育机构设置标准（试行）》《托育机构管理规范（试行）》，并参照联合国关于儿童早期发展的概念界定，本研究将我国的托育服务定义为托育服务是指来自家庭之外，面向 3 岁以下婴幼儿的早期教育和照护服务，其中，早期教育主要是推动婴幼儿智力、语言、思维、动手等能力的早期发展；照护服务主要是为婴幼儿提供科学、安全的生活照料。早期教育和照护服务在婴幼儿的不同发展阶段会有所侧重，但不可分割，两者共同构成托育服务的有机整体。

3.托育服务概念的界定

目前，越来越多的国家将托育服务，也称为儿童早期教育照料服务（EarlyChildhood Education and Care）作为社会政策的重要内容。世界银行、联合国儿童基金会、经济合作与发展组织等国际组织也积极倡导和推行有质量的托育服务。

国内外托育服务在服务内容上均围绕着儿童的早期发展展开，既包括对婴幼儿的看护照料，也包括对婴幼儿的早期教育服务。国际上通常将托育服务定义为在义务教育开始之前提供给儿童的来自家庭之外的教育和照护服务。根据联合国儿童基金会的观点，托育服务是指在家庭照顾功能不足或无法满足的情况下，儿童需要在一定时间内离开父母和家庭，由其他人或机构提供额外的照顾。这个定义的政策目标是促进儿童早期发展并支持父母育儿。

考虑到中国 3～6 岁儿童学前教育体系相对较为完善，而为 3 岁以下婴幼儿提供的服务严重不足的基本情况，张本波（2018）将托育服务的内涵进一步界定为面向 0～3 岁婴幼儿及其家庭照料者所提供的，相对于家庭抚育而言的社会托幼服务，包括儿童照料、看护服务以及认知能力提升等早期教育服务。因此，根据中国的实际情况，本研究将托育服务目标人群进一步界定为 3 岁以下的婴幼儿。

二、托育服务供给和需求研究

随着生育政策的调整，3 岁以下婴幼儿托育服务需求逐渐增加，而公共托育机构发展滞后，普惠性托育服务供给明显不足，女性产假结束后到子女进入学前教育体系的两年半时间内，只能由家庭来负责婴幼儿的看护照料，"托育难、托育贵"等问题不断凸显。

就家庭需求而言，国家卫生健康委员会 2016 年开展的"城市家庭 3 岁以下婴幼儿托育服务需求调查"显示，城市中超过 1/3 的 3 岁以下婴幼儿家庭表示存在托育需求，其中没有祖辈参与照料的家庭对托育服务的需求更高，其占比达到43.1%，而实际进入各类托育机构的婴幼儿占比仅为 5.55%（耿兴敏，2017）。从世界范围来看，目前，不同国家的幼儿入托率差别较大，但一般都提供普惠性的托育支持政策。2017 年国务院妇儿工委和中国人民大学在四省市的调查显示，48.0%的家长有托育需求，而调研样本中实际的入托率为 4.3%（杨菊华，2018）。2019 年北京、南京、上海三市的调查显示，进入托育机构的适龄儿童占比仅为 4.04%（北京市卫生健康委，2019）。2019 年北京、南京、上海以及云南、四川等地的调查发现，80%以上的被访者希望自己的孩子能接受公办机构的托育服务（北京市卫生健康委/四川省卫生健康委/云南省卫生健康委，2019）。

从供给来看，自改革开放以来，随着市场经济改革的推进，政府机构、企业事业单位等提供的福利性托幼机构逐渐解散。到 20 世纪 90 年代后期，政府对托育服务的资金支持基本停止，导致了 3 岁以下儿童的公共托育机构几近消失，普惠性托育服务供给出现真空。与此同时，托育市场普遍存在着"难以找到所需的照料服务，却不断推销不需要的早期教育服务"的问题。这不仅未能减轻家庭在照料婴幼儿方面的负担，还增加了家庭的经济和时间成本。

三、托育服务成本和利润研究

托育服务机构对室内外环境、设施设备、人员配置等要求较高，需要相对较高的投入。国家卫生健康委和国家发展改革委社会所（2019）对部分托育机构的调查显示，房租以及装修建设成本占总成本的 1/2 左右，教师工资占运营成本的 20%左右，而且普遍面临人员招聘难和教师流动性大的问题。在保障入园率达到80%左右的情况下，实现营收平衡需要 5 年左右的时间。

提高收费标准成为托育机构的普遍选择，或者通过开展早教、月子服务、艺术培训等增值服务，达到整体收支平衡。根据上海市卫生健康委（2019）的调查，上海民办托育机构的平均托育费用为每月 3500 元，约占调查家庭收入的 12%，而 60%的家庭表示可承受的托育费用为 3000 元以下，两者之间存在显著差距。

第二节　托育服务政策进展

托育服务是对家庭婴幼儿抚育的重要补充。从中国托育服务的发展历程来看，中华人民共和国成立后福利托育机构快速兴起，改革开放后公办托育机构趋于解体，21 世纪初政策重心逐步转向早期教育，近年来照护型托育服务重新起步。

一、福利性托育机构快速兴起

中华人民共和国成立后，妇女广泛参与社会劳动，由此带来了儿童照顾需求的急剧增长。20 世纪 50 年代到 70 年代，在政府的鼓励和支持下，广大城乡地区逐步建立起相对完善的托育服务体系，对平衡家庭和工作发挥了重要作用。在计划经济体制下，绝大多数的托育机构是以单位或者村居为依托，具有明显的福利性。到 20 世纪 80 年代初期，我国 3 岁以下婴幼儿入托率一度达到 30%左右。

1981 年 6 月，原卫生部妇幼卫生局颁布《三岁前小儿教养大纲（草案）》，提出了托儿所教养的具体任务。这是中华人民共和国成立后首次就 3 岁以下婴幼儿的具体教养工作做出明确规定，该文件沿用至今。

1994 年 12 月，原卫生部和原国家教委联合发布《托儿所、幼儿园卫生保健管理办法》，明确规定了对托儿所的保健设备和保健人员的要求。

总体而言，0～3 岁婴幼儿早期发展服务更侧重于保育（尤其是城市托儿所），托幼政策更多的是发挥对女性参与劳动的支持功能，同时没有涉及农村家庭内 3 岁前婴幼儿的保育和教育问题。

二、公办托育机构趋于解体

20 世纪 90 年代后期，随着社会主义市场经济体制逐步确立，单位福利制度逐步退出，原有计划经济时期由政府、企事业单位开办的托幼机构日渐解体，政府对托幼服务的投入基本终止，3 岁以下托幼机构近乎绝迹。

尽管如此，早教市场上仍有部分私立机构招收 3 岁以下的婴幼儿，但在服务上偏重早期教育和智力开发，并且由于缺乏有效监管，有些机构在经营管理、服务价格、服务质量上存在较多问题。

三、早期教育逐步成为政策重心

21 世纪初，随着终身教育体系建设的推进，3 岁以下婴幼儿早期潜能开发和早期教养教育重新开始引起关注。2001 年 5 月，国务院印发了《中国儿童发展纲要（2001—2010 年）》，第一次提出了要发展 3 岁以下儿童的早期教育，这标志着 3 岁以下儿童早期教育工作开始进入国家决策议程。2010 年 5 月通过的《国家中长期教育改革和发展规划纲要（2010—2020 年）》在学前教育发展任务中明确要求重视 3 岁以下婴幼儿教育，这标志着 3 岁以下婴幼儿教育正式纳入国民教育体系。

为贯彻教育纲要，2012 年 12 月，教育部下发了《关于开展 0～3 岁婴幼儿早期教育试点的通知》，确定了在上海市、北京市等 14 个地区开展试点，要求"坚持公益普惠的基本方向，充分整合公共教育、卫生和社区资源，努力构建以幼儿园和妇幼保健机构为依托，面向社区、指导家长的婴幼儿早期教育服务体系"。这标志着学前教育逐步向整合型的国家公共服务体系转型。从上海的实际情况来看，主要是构建以社区为依托、以学前教育机构为中心、全面辐射家庭的 3 岁以下婴幼儿教养指导服务体系，基本形成政府主导、公办、民办同步发展的学前教育事业格局。

四、托育服务重回政策视野

1. 托育服务需求趋于增长

全面二孩、三孩政策实施以来，婴幼儿照护服务不足逐步成为抑制生育意愿的重要因素。同时，社会各界对托育服务的认知有所转变，人们更多地认识到儿童不仅是家庭的，也是国家的，托育服务是公共服务的重要内容，并且是当前的短板领域。另外，随着我国综合国力的持续提升，公共财政收入稳定增长，国家有能力在托育服务发展中发挥更大的引导和支持作用。

2. 顶层设计逐步形成

2017 年党的十九大报告在保障和改善民生需要不断取得新进展的重点目标中新加入了"幼有所育"和"弱有所扶"，在原"五有"目标的基础上拓展为"七有"目标。党的十九届四中全会进一步强调，要健全幼有所育等方面国家基本公共服务制度体系。2019 年 5 月，国务院办公厅下发《关于促进 3 岁以下婴幼儿照护服务发展的指导意见》（国办发〔2019〕15 号），提出了婴幼儿照护服务发展的基本原则、目标、主要任务、保障措施和组织实施，明确了地方政府负主责，卫生健康部门牵头，发展改革、教育、公安等 16 个相关部门协同配合的工作机制，为新时期做好婴幼儿托育服务工作指明了方向。

3. 政策体系加快构建

在普惠性托育服务发展政策方面，2019 年 1 月，国家发展改革委等 18 个部门联合发布《加大力度推动社会领域公共服务补短板强弱项提质量促进形成强大国内市场的行动方案》，明确提出要"增加托育服务有效供给"，并将其列为"补强非基本公共服务弱项，着力增强人民群众公共服务供给"的 11 项行动任务中的第一项任务。2019 年 10 月，国家卫生健康委印发了《托育机构设置标准（试行）》和《托育机构管理规范（试行）》，以推动托育机构专业化、规范化发展。

同时，财政部、人力资源和社会保障部、住房城乡建设部、教育部等部门，从明确社区托育机构税费优惠、明确托育从业人员国家职业标准、完善托育机构建筑设计规范以及提高紧缺人才培养培训质量等方面，陆续制定并出台了相关文件。具体包括：2019 年 6 月 28 日，财政部、税务总局、发展改革委、民政部、商务部、卫生健康委发布《关于养老、托育、家政等社区家庭服务业税费优惠政策的公告》，对为社区提供托育服务的机构实施增值税、所得税、契税、不动产登记费、耕地开垦费、土地复垦费、土地闲置费等税费减免政策；2019 年 9 月 5 日，教育部、国家发展改革委、民政部、商务部、国家卫生健康委、国家中医药局等七部门联合发布《关于教育支持社会服务产业发展提高紧缺人才培养培训质量的意见》，在托育服务学科设置、技能人才培养、从业人员培训等方面提出了具体任务措施。

4. 政府投入逐步加大

2019 年，国家发展改革委和国家卫生健康委联合发布了《支持社会力量发展普惠托育服务专项行动实施方案（试行）》，指出，要通过中央财政预算内投资带动，支持和引导有积极性的地方（城市）政府，以与企业签订合作协议的方式，激发社会力量参与积极性，推动增加 3 岁以下婴幼儿普惠性托育服务有效供给，强化对家庭科学养育的指导能力，促进中国托育服务健康有序高质量发展。

第七章　中国托育服务发展现状分析

随着社会节奏的加快和生活质量的不断提高，我国家庭托育问题逐渐凸显。目前我国大多数地区的学前教育设计只涵盖 3～6 岁的儿童，对于 3 岁以下婴幼儿托育服务的供给存在严重的缺位现象，全面二孩、三孩政策的实施使得这一缺位现象变得更加突出，0～3 岁婴幼儿的托育难题已成为影响生育的一个重要因素。健全托育产业对降低孩子的生养成本、化解职场与家庭之间的矛盾起到积极的作用，甚至能够实现职场与家庭的"共赢"。在商业化与现代化气息浓厚的今天，孩子的生养成本和照料负担已成为影响大多数女性生育意愿的两大因素。另外，目前我国人口老龄化现象日益突出，在国家大力发展老年产业的前提下，老年人的物质精神生活得到了有力的保障，"老有所养"的观念已深入人心，相比老年产业的蓬勃发展，"幼有所托"的观念却得不到重视，托幼问题虽然已经成为全民关注的社会问题，但是国内托育产业的滞后发展也成为一个不争的事实。如何改善 0～3 岁婴幼儿的托育现状、减轻职场父母孩子的照料负担、消除生育焦虑，如何提供高质量的托育服务，为人才强国打好坚实的基础成为亟待解决的重点问题。

第一节　中国托育服务存在的问题

习近平总书记在十九大报告中强调我国社会主要矛盾已发生转变，报告指出，家庭和职业的平衡关系是当前中国女性面临的主要矛盾，解决女性家庭与职业的矛盾冲突，是提升女性生育水平、化解女性生育焦虑的关键要素，只有国内托育市场成熟，中国女性的家庭与职业的平衡关系才能得到改善。但是，目前中国社会的托育服务体系仍存在托育资源短缺、供需不平衡等问题，中国家庭对托育体系日益增长的现实需要与现阶段中国不成熟的托育市场也形成了主要的矛盾冲突。因此，关注与重视目前我国托育服务体系中存在的主要问题，并就此培育一个成熟健康的托育服务体系，是化解矛盾冲突的重要举措之一。

一、我国婴幼儿入托率低

根据统计数据，我国婴幼儿在各种托育机构的入托率仅为 4.1%，明显低于一些发达国家的 50% 入托率水平。城市中，3 岁以下儿童的入托率不到 10%，尽管各个省份之间存在一些差异，但总体而言还是远低于一些发达国家 50% 的入托率。国际经验表明，0～3 岁婴幼儿的入托率与女性就业率呈正相关。在欧美发达国家，女性就业率普遍在 70%～90%，背后有着完善的儿童托育保障体系相支撑。

托育服务在家庭发展计划中扮演着重要的角色，其规划和发展对于女性的职业发展、儿童的健康成长以及家庭计划的全面实施等方面具有重要影响。尽管中国的儿童人口数量近年来有所下降，但学龄前儿童的数量仍有相当规模，因而对托育服务的需求将持续增长。

多项调查结果显示，中国超过 1/3 的父母有托育服务需求，且要求甚高，近 80% 的婴幼儿父母希望孩子在家庭周边入托；超过一半的父母希望孩子进入师资力量雄厚和安全性较好、口碑较好的公立幼托机构。但实际情况却大相径庭，近 80%的婴幼儿主要由祖辈参与日间看护，并没有被送去幼托机构。目前，婴幼儿在各类托育机构的入托率比较低，与欧洲、亚洲许多发达国家相比，差距较为明显。

随着人口老龄化问题的加剧和延迟退休政策的实施，隔代照料模式可能面临更大的困难。此外，考虑到祖辈的健康、精力、教育水平等因素，他们可能也有照顾孙辈力不从心的担忧。提高我国 0～3 岁婴幼儿的入托率被认为是推动我国托育事业发展的一个重要途径。

二、社会托育服务供需不平衡现象严重

我国双职工家庭对托育机构服务的需求较大、要求较高，其与我国托育机构数量少、增速慢之间的矛盾日趋尖锐。祖辈照料压力大，科学育儿理念提升，女性越来越关注职业发展，托育机构的短缺对家庭的生育计划的影响大大促进对托育需求的增加。目前我国托育机构数量短缺，难以应对现有人口态势。我国在经济体制改革过程中，依托机关、企事业单位开办的幼儿园和托儿所寥寥无几，福利性的托育服务体系已全面崩溃，公办托育机构的萎缩现象严重。部分公办幼儿园虽设有幼托班，但是仅仅限于招收两岁以上幼儿，0～2 岁的公办托育机构出现空白。部分提供全日制托育服务的私立托育机构因收费昂贵，家长往往望而却步，不但未达到减轻家庭照料负担的目的，反而加重了家庭的经济负担。

中国人口与发展研究中心就 0～3 岁儿童托育服务情况开展的专题调研结果显示，无论农村地区还是城市地区，入托率都呈现较低水平，托儿所数量严重不足，托育服务缺乏规范管理，供需矛盾尖锐仍然是我国托育体系完善过程中亟待解决的问题。

三、家庭对托育需求多元化与托育机构单一化之间的矛盾

随着中国的经济发展和社会进步，人口素质越来越受到政府和家庭的重视。年轻父母对幼托机构的需求与以往相比大不相同，科学喂养和早期教育是保障婴幼儿身心健康发展的重要组成部分，父母对幼托机构的要求更加严格，倾向于为自己的孩子寻找资源配置高的幼托机构，家长们把教学质量、照顾程度、师资力量甚至是交通的便利性作为考虑选择幼托机构的指标。因此很多年轻父母在比较中心式幼儿托育机构托育和居家托育后指出，使用居家托育的满意情形高于中心式幼儿托育机构。

目前，公共托育机构针对我国0～3岁婴幼儿已不再是大城市年轻家庭的首要需求，因为早教机构、家庭式托育、保姆等逐渐成为某些家庭的首选。不同家庭可能面临不同情况，如与祖辈的育儿理念不符、祖辈身体健康不佳无法照看孩子、父母工作繁忙无法抽出时间照顾孩子等。这些家庭期望托育机构能够协助分担养育任务，以便儿童能够接受更专业的早期教育，培养其社交技能和自理能力。

家庭对托育服务的期望不仅限于婴幼儿的日常照护，还包括培养儿童的自理能力、认知能力和心理情感能力的发展。反观现有托育机构提供的服务，多以辅助家长提高对孩子的照料能力为主要目的，把指导重点放在生活照料上，没有形成营养、保健和心理教育的一体化体系，不能满足家庭托育需求。因此，家庭对托育需求多元化与托育机构单一化之间的矛盾更加突出。

四、现有托育机构的发展水平、服务质量参差不齐

目前我国较发达地区0～3岁托育机构主要以早教中心、幼托班、托儿所和亲子幼儿园的形式存在。这些托育机构的教育与发展水平参差不齐，缺乏统一的规划与领导，托育机构拓展托育的能力不足，服务内容不明确。例如，我国大部分亲子园与早教中心都以辅助家长提高对孩子的照料能力为主要目

的，把指导重点放在生活照料上，没有形成营养、保健和心理教育的一体化体系。

在机构用书方面，大部分幼托班和托儿所存在托育教材缺乏的现象，托育教材的设定分为两个层面，分别是以保育员为中心的指导性教材和以婴幼儿为中心的开发性教材。迄今为止，我国较发达地区的早教指导中心以及部分以教育学和心理学为主的高校都出过不少关于 0～3 岁儿童心理发展和亲子活动的方案，甚至出版了一系列的教师参考用书，但部分机构所使用的婴幼儿书目阶段性特点不明显，没有根据儿童的基本阶段的特点来区分和设置书目。

在托育服务人员配置方面，目前国家颁布的政策中没有明确规定 0～3 岁婴幼儿教师与保育员的资质要求和标准，由于 0～3 岁的婴幼儿处于快速成长期，自我保护能力较弱，对专业化、科学化的托育服务需求较高。我国尚未建立关于从业人员培训的标准和内容，也没有常态化的培训机制，这导致了托育服务人员的质量参差不齐。特别是在中小城市和农村地区，无证上岗的保育人员较多，人员素质存在差异，虐童问题也时有发生，各种与教师和保育有关的事件屡见不鲜，以至于父母顾虑重重，严重影响了婴幼儿的入托率。现有托育服务机构也大多没有专业职称评价体系和培训机制，托育教师发展空间受限，导致真正有能力、专业技术水平较高的幼师与保育人员积极性受挫，难以保证保育服务队伍的稳定，既不利于婴幼儿的健康成长。又不能促进教师、保育员的自身发展。

从我国托育机构的地区发展水平来看，农村地区托育机构发展严重滞后。新中国成立后，得益于集体经济的发展，托育服务曾在我国农村地区得到了很大的发展，但是随着社会主义市场经济的发展，公益性托育机构在农村地区迅速退场，私立机构价格昂贵，使大部分农村家庭望而却步，由祖父母照料的隔代养育模式迅速发展起来，留守儿童数量也逐渐增加。

五、三孩政策下双薪家庭的"工作—育儿"平衡困境凸显

受传统性别分工观念的影响，中国传统社会一直男女分工明确，不存在工作与家庭之间的角色冲突与转换。但随着社会的不断进步，女性接受更高的教育，女性地位不断上升，家庭对经济支持的要求逐渐提高。同时，女性的就业率上升以及独立自主的思想逐渐成熟，导致大量女性融入职场，双薪家庭逐渐取代了传统的男性养家模式，工作与家庭之间的冲突变得愈发明显。

尽管现代社会要求女性经济独立，但传统的性别分工观念仍然存在，这与现代社会对女性经济独立的需求发生冲突。中国的女性在为家庭经济贡献的同时，也承担了育儿和养儿的责任。"全面三孩政策"的出台并没有激起较高的生育欲望，这与之前的设想相差甚远。实际调查显示，部分职业女性希望却不敢生孩子，担心自己的工作和事业受到影响，认为生育会阻碍职业生涯提升或职业晋升，对未来的家庭生活充满忧虑，原因在于性别歧视在劳动力市场中仍然存在，减少了女性的平等就业机会；国家的生育支持政策不够充分，增加了女性的生育压力；目前托幼服务不足，加重了女性在家庭照顾方面的负担。因此，三孩政策下双薪家庭的"工作—育儿"难以平衡现象愈发突出。

六、托育服务行业准入和服务标准缺乏

随着经济体制的改革，我国公立的托儿所体制逐渐瓦解，目前0～3岁儿童托育服务究竟是公共福利还是商业服务仍未形成社会共识。一些商业组织把托育当作一个巨大投资市场，谋取利益，这导致大量提供高价服务的幼托班收费极高，工薪家庭无力支付。而准入机制的缺乏又对我国当前托育机构的发展起到了很大的制约作用，就目前的托育机构来看，很多只是通过工商部门注册，尚无明确的管理和监管部门，缺乏准入、评定、考核等标准，缺乏规范管理。在缺少监管的情况下，托育机构鱼龙混杂，无证经营及不合规

的机构较多，场地规范标准、从业人员准入条件、卫生许可要求、质量监管等在很多地方还处于无序状态，这不利于0～3岁儿童的成长。比如，一些在工商部门注册的早教机构，从事婴幼儿托育服务属于违规服务，随时有关门的风险。而家庭作坊式的托育机构，可能存在安全隐患，威胁到孩子的人身安全。而一些拥有经验的专业人员希望创办0～3岁婴幼儿托育机构，有心提供更加正规、专业的托育服务，但因不符合准入机制及标准而变得有心无力。幼托服务体系目标不明、部门职责不清、托育机构建立和服务标准双双缺失，使社会办托育服务的积极性受到极大遏制。这成为目前0～3岁婴幼儿托育服务高质量发展的瓶颈。

第二节　中国托育服务现状与需求特征

微观调查数据来自国家卫生健康委员会《2019年全国人口与家庭动态监测调查》，调查时间为2019年12月，调查对象为截至2019年11月1日零时15—49周岁的女性，即1969年11月1日至2004年10月31日出生的女性，调查覆盖全国31个省（自治区、直辖市）的约60000名女性。从城乡和区域分布来看，村委会样本占57.5%，居委会样本占42.5%，东部、中部、西部和东北地区样本分别占28.3%、26.7%、34.3%和10.7%。调查内容涉及被调查女性个人和家庭信息、子女养育教育情况、劳动就业与生育意愿等信息。按照调查时点2019年12月计算，全部样本中母亲平均年龄为37.5岁，在学历结构中，小学及以下占23.1%，初中和高中分别占38.5%和15.4%，大专占12.3%，本科及以上占10.7%。有0～3岁子女的样本为10982个，母亲平均年龄为31.3岁，小学及以下学历占8.3%，大专学历占17.7%，本科及以上学历占17.0%，平均现有孩子数为1.82个。

全部调查样本女性，93%结过婚，结过婚的女性中，生过孩子的占96.69%，当前有孩子的占96.97%。生过孩子的女性，平均生过1.73个孩子，现在有养育孩子的女性，平均现有孩子数为 1.71 个。共采集了所调查女性中 92363 名子女的信息。其中现有子女年龄最大的为 43 岁，最小的刚刚出生 1 个月，平均年龄为 12.7 岁。现有子女在调查时的就业或在学分布为：12.46%未入幼儿园或托儿所，12.78%在托儿所、幼儿园或学前班，26.07%在读小学，12.38%在读初中，9.09%在读高中，7.68%在读大专及以上，15.01%在业，4.53%无业。本书主要分析对象是调查时尚未满入幼儿园年龄条件的孩子，即 2016 年 9 月以后出生的儿童，截至 2019 年 12 月调查时，这些孩子的年龄为 0～39 个月（0～3.25 岁），符合这一条件的共 11768 名儿童，男孩占 52.48%，涉及 10982 户家庭，这些家庭是托育服务的潜在需求者，本书统一将其称之为 0～3 岁儿童。OECD 统计口径为 0～2 岁幼儿，即 3 岁以下（不到 3 岁）幼儿的入托率，与中国 0～3 岁婴幼儿统计口径存在一定差异。

一、入托率

如果将送入托儿所、幼儿园和学前班都称为入托，2016 年 9 月以后出生的孩子中，91.56%未入托，8.26%入托育机构，其中，1.33%入托儿所，6.79%入幼儿园，0.14%上学前班。根据原国家卫计委 2016 年 10 个城市调查数据，2016 年，我国 0～3 岁婴幼儿在各类托育机构的入托率为 4.1%，即使根据最宽口径计算，入托率也仅为 5.55%。分年龄段来看，两岁半以后，入托率逐渐提高。在 2 岁以前，入托率接近于 0；24～29 个月，入托率为 4.06%；30～35 个月，入托率达到 12.95%；36～39 个月，入托率达到 40.82%。如果严格按照 OECD 的口径来计算，则 0～2 岁儿童入托率仅约 4%，远低于其他国家（见表 7-1）。家庭托育覆盖率：如果按家庭来算，10982 户有 2016 年 9 月以后出生的孩子的家庭，有 961 户把孩子送托育机构，占 8.75%。

表 7-1　0～3 岁幼儿入托率（2016 年 9 月以后出生）单位：人，%

分孩子年龄	未入园/入托		入托		不了解情况		全部	
	孩子数	占比	孩子数	占比	孩子数	占比	孩子数	占比
全部	10774	91.56	972	8.26	21	0.18	11767	100
0—11 个月	2993	99.67	0	0.00	10	0.33	3003	100
12—17 个月	1697	99.47	6	0.36	3	0.18	1706	100
18—23 个月	1634	99.03	14	0.85	2	0.12	1650	100
24—29 个月	1770	95.83	75	4.06	2	0.11	1847	100
30～35 个月	1800	87.00	268	12.95	1	0.05	2069	100
36—39 个月	880	58.98	609	40.82	3	0.20	1492	100
OECD 口径 0—2 岁（0～36 个月）	10156	95.54	456	4.29	18	0.17	10630	100

注：1.有一个观测值没有填入托情况；2.入托包括 0～3 岁送入托儿所、幼儿园和学前班；3.0～3 岁幼儿包含 0～3.25 岁幼儿，因为调查时点为 2019 年 12 月，我们计算的是在调查当年 9 月（2019 年 9 月）尚未满入幼儿园年龄条件的孩子（2016 年 9 月以后出生）；4.OECD 口径 0～2 岁指不满 3 周岁的儿童，即本书中 2016 年 12 月及以后出生的儿童。

按城市级别来看，北上广深入托率显著低于其他地区。北上广深入托率为 6.63%，低于其他城市。分地区来看，东北地区入托率最高，达到 16.14%，东、中、西部入托率均为 7%～8%（见图 7-1）。

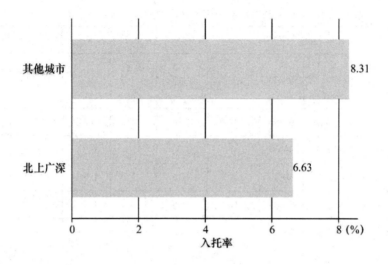

图 7-1　分城市入托率

城市地区入托率更高。根据村居类型，将居住在居委会的看作城市地区，居住在村委会的看作农村地区，城市地区的入托率高于乡村（10.57%与6.49%）（见图7-2）。

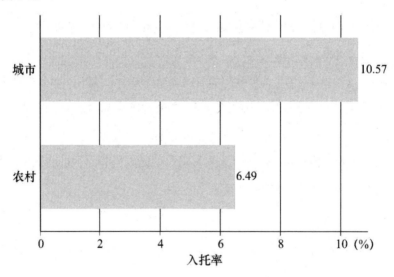

图 7-2　分城乡入托率

母亲受教育程度越高，入托率越高。母亲受教育程度为大专及以上的入托率为21.53%；母亲受教育程度为小学及以下的，入托率为6.04%（见图7-3）。

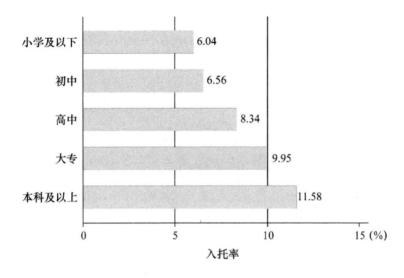

图 7-3 母亲受教育水平与入托率

从描述统计来看，母亲年龄越高，入托率越高。母亲出生年份在 1969—1974 年或 1975—1979 年的，入托率达到 11%以上；母亲出生年份在 1980—1984 年或 1985—1989 年的，入托率为 9%以上；而母亲出生年份在 1995—1999 年或 2000—2004 年的，入托率低于 5%。但这可能跟孩子年龄、母亲年龄精力有关，在控制孩子年龄之后，母亲的出生年份对于入托的影响显著性大大降低。根据孩子母亲的户口性质来划分，将农业户口和农转居户口看作农村，将非农业户口和非农转居户口看作城市，母亲户口为城市的幼儿入托率更高（12.27%与 6.93%）。

入托率与家庭收入水平和孩子数量正相关。家庭人均收入在 60%~80% 或最高 20%的，入托率超过 10%；家庭人均收入在最低 20%的，入托率仅为 4.77%。家庭 0~3 岁孩子数量越多，入托率越高；家庭有 3 个 0~3 岁孩子的，入托率达到 16.67%（如图 7-4）。男孩和女孩入托率接近，差别不显著。说明入托方面，不存在明显的性别歧视。

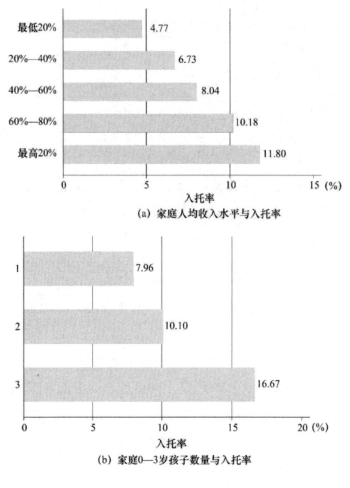

（a）家庭人均收入水平与入托率

（b）家庭0—3岁孩子数量与入托率

图 7-4　家庭情况与入托率

二、入托机构类型

从机构类型来看，现有的入托机构类型主要是幼儿园，托儿所尚未成为主要的托育提供机构。已入托的 972 个孩子中，799 个入幼儿园，约占 82%；157 个入托儿所，约占 16%；16 个入学前班，约占 2%。从托儿所类型来看，民办托儿所是主要的类型。2016 年 9 月以后出生的入托儿所的 157 个孩子中，80.25%的孩子所在的托育所为民办机构（见表 7-2）。

表 7-2 托儿所机构类型

类型	全部	
	个数	占比（%）
公立	11	7.01
民办	126	80.25
企事业单位办	1	0.64
集体办	4	2.55
家庭托管点	12	7.64
其他	3	1.91
合计	157	100

入幼儿园的幼儿中，进入民办幼儿园的占比达到约 80%。我们用宏观数据来看 0～2 岁入幼儿园的类型。根据教育部统计，2011—2018 年，0～2 岁入幼儿园的儿童，在民办幼儿园的比例从 2011 年的 73.87%上升到 2018 年的 81.44%，而在教育部门办幼儿园的比例从 2011 年的 15.44%下降至 2018 年的 12.65%。2019 年这一变化趋势有所转变，0～2 岁入幼儿园儿童在民办幼儿园的比例较 2018 年下降 4.48 个百分点，而在教育部门办幼儿园的比例上升 3.96 个百分点（见表 7-3、图 7-6）。

表 7-3 0～2 岁入幼儿园儿童在不同类型机构比例 单位：%

年份	民办	地方企业	集体	教育部门	其他
2011	73.87	1.61	4.08	15.44	5.00
2012	75.75	1.50	3.69	14.87	4.19
2013	76.45	1.42	3.60	14.27	4.26
2014	77.66	1.33	3.63	13.24	4.13
2015	79.71	1.23	3.31	12.15	3.59
2016	80.91	1.14	2.81	11.79	3.34
2017	81.40	1.08	2.51	12.09	2.91
2018	81.44	0.94	2.06	12.65	2.92
2019	76.96	1.06	2.41	16.61	2.97

资料来源：教育部发展规划司 2011—2019 年教育统计数据，学前教育分年龄幼儿数，http://www.moe.gov.cn/s78/A03/moe_560/jytjsj_2019/

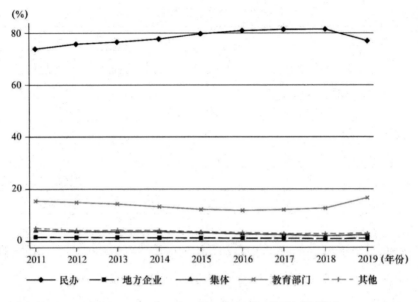

图 7-6　0～2 岁入幼儿园儿童在不同类型机构比例

三、托育成本

　　根据研究数据，入托儿童的家庭每月入托费用占家庭月均收入的比例约为 14.57%。这一数据基于对 972 个入托儿童的月度费用平均值，即每个家庭每个孩子每月支付的入托费用约为 1163 元。进一步的分析显示，这一费用占比在不同家庭群体中存在差异：分组来看，东部地区、收入越高、母亲受教育程度越高的家庭，入托费用占家庭收入比重越低，托育成本负担越低。东部地区的入托费用占比为 12.03%，低于中部、西部和东北地区；分城乡来看，虽然城市地区的绝对花费是农村地区的 1.8 倍，但入托费用占比与农村地区接近；母亲受教育程度越高，平均每月入托费用也越高，但占家庭月均收入的比重越低，母亲小学及以下学历，平均每月入托费用占家庭月收入比重达到18.65%，而母亲本科及以上学历，平均每月入托费用占比为 12.66%；家庭收入越高，平均每月入托费用越高，但占家庭月均收入的比重越低，对于人均收入处于最低 20% 的家庭，入托费用占家庭月均收入的 27.20%，而对于最高

20%的家庭，这一比例仅为9.67%（见表7-4）。

表7-4　2016年9月以后出生孩子平均每月入托育机构费用

	样本个数	平均每月费用	入托费用占家庭收入比1（%）	入托家庭月均收入（元）	入托费占比（%）	有0~3岁幼儿全部家庭月均收入（元）	入托费用占比2（%）
全部	972	1162.92	14.57	9482.97	12.26	8191.50	14.20
按地区分							
东部	262	1306.24	12.03	13512.47	9.67	10325.45	12.65
中部	292	1074.13	14.48	8581.38	12.52	7750.53	13.86
西部	305	1141.29	15.41	7843.76	14.55	6897.10	16.55
东北	113	1118.41	18.45	6718.58	16.65	6441.92	17.36
按居住地分							
城市	540	1458.56	14.86	11439.75	12.75	10985.84	13.28
农村	432	793.37	14.20	6987.31	11.35	6008.10	13.20
按母亲受教育程度分							
小学及以下	60	816.54	18.65	3656.94	22.33	3835.85	21.29
初中	309	813.06	14.43	6344.88	12.81	5644.04	14.41
高中	169	966.80	14.73	8846.25	10.93	7521.93	12.85
大专	205	1363.79	15.69	9751.74	13.99	10057.72	13.56
本科及以上	229	1690.66	12.66	15376.56	11.00	15053.03	11.23
按家庭人均收入分							
最低20%	109	801.01	27.20	2191.10	36.56	2254.15	35.53
20%—40%	166	760.76	16.32	4183.44	18.18	4269.11	17.82
40%—60%	188	892.91	14.84	6126.64	14.57	6128.20	14.57
60%—80%	260	1195.14	13.26	8510.28	14.04	9157.80	13.05
最高20%	247	1759.10	9.67	19837.01	8.87	20416.63	8.62

注：1.全部家庭指有 2016 年 9 月以后出生的孩子的家庭。2.入托费用占家庭收入比：每个家庭月入托费用占其家庭月均收入比重的均值，入托费用占比没有考虑那些占比大于 100%的数据。3.入托费用占比 1：入托家庭平均每月入托费用/入托家庭月均收入。4.入托费用占比 2：入托家庭平均每月入托费用/全部有 0～3 岁幼儿家庭月均收入。

四、托育选择因素

入托家庭选择托育机构最关心的三个因素主要是距离、师资和费用。对于 972 个进入托育机构的孩子，其家庭选择进入所在托育机构的主要原因中，选择频次最高的三个因素是距离近（73.56%）、师资条件好（33.02%）、费用合理（27.98%），然后是卫生条件好（21.19 %）、硬件设施好（20.16 %）（见图 7-7）。

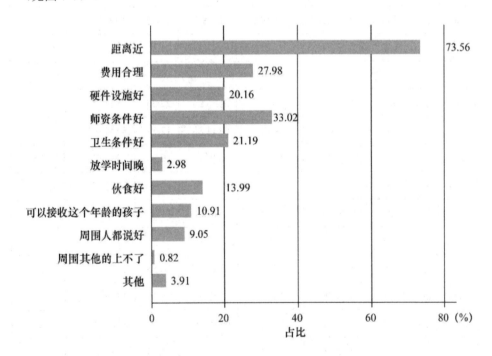

图 7-7　入托孩子家庭选择托育机构的原因

注：多选题，百分比之和不等于 100%。

按城乡来划分，距离近、师资条件好、费用合理都是最多考虑的三个因素，除了以上三个因素，城市地区对硬件设施的关注度更高，农村地区对伙食的关注度略高于城市（见表7-5）。

表7-5　按城乡：选择托育机构最主要三个原因　单位：%，个

	城市	乡村
距离近	76.85	69.44
费用合理	28.89	26.85
硬件设施好	22.96	16.67
师资条件好	32.96	33.10
卫生条件好	20.74	21.76
放学时间晚	3.15	2.78
伙食好	11.85	16.67
可以接收这个年龄的孩子	10.19	11.81
周围人都说好	9.81	8.10
周围其他的上不了	1.11	0.46
其他	2.96	5.09
样本数	540	432

注：多选题，百分比之和不等于100%。

按照母亲受教育程度来看，距离近、师资条件好、费用合理是大专及以下各个教育程度母亲最多考虑的三个因素。但是，随着受教育程度的提高，硬件设施的考虑权重在提高，对于本科及以上学历的母亲，优先考虑的三个因素为距离近、师资条件好和硬件设施好。按母亲年龄划分，考虑最多的三个因素也基本一致（见表7-6、表7-7）。

表7-6　按母亲受教育程度：选择托育机构最主要三个原因　单位：%，个

	小学	初中	高中	大专	本科及以上
距离近	76.85	69.44	73.37	78.05	72.05
费用合理	28.89	26.85	28.99	29.76	24.45
硬件设施好	22.96	16.67	19.53	21.95	30.57
师资条件好	32.96	33.10	36.69	32.68	34.93
卫生条件好	20.74	21.76	25.44	32.68	20.09
放学时间晚	3.15	2.78	0.59	17.07	4.8
伙食好	11.85	16.67	17.16	3.41	11.35
可以接收这个年龄的孩子	10.19	11.81	8.88	13.66	11.35
周围人都说好	9.81	8.10	8.28	9.27	4.37
周围其他的上不了	1.11	0.46	0.00	1.95	0.44
其他	2.96	5.09	5.33	4.88	1.75
样本数	540	432	169	205	229

注：多选题，百分比之和不等于100%。

表7-7　按母亲年龄：选择托育机构最主要三个原因　单位：%，个

	1969—1974 年	1975—1979 年	1980—1984 年	1985—1989 年	1990—1994 年	1995—1999 年
距离近	91.67	72.31	73.37	76.60	73.91	64.15
费用合理	25.00	33.85	28.99	29.26	26.60	30.19
硬件设施好	8.33	18.46	19.53	21.28	17.65	13.21
师资条件好	33.33	27.69	36.69	33.51	31.71	37.74
卫生条件好	25.00	15.38	21.28	21.74	21.37	22.64
放学时间晚	0.00	4.62	4.26	2.56	2.67	1.89

续表

	1969—1974 年	1975—1979 年	1980—1984 年	1985—1989 年	1990—1994 年	1995—1999 年
伙食好	16.67	9.23	14.36	15.35	12.98	13.21
可以接收这个年龄的孩子	8.33	9.23	12.77	10.23	8.78	20.75
周围人都说好	0.00	6.15	10.11	11.00	5.73	11.32
周围其他的上不了	0.00	0.00	0.53	0.77	1.53	0.00
其他	2.96	3.08	1.60	4.35	4.96	5.66
样本数	12	65	188	391	262	53

注：多选题，百分比之和不等于 100%。

按家庭收入分组，距离近和师资条件好仍然是考虑最多的两个因素，随着收入水平的提高，费用合理不再是最重要的三个因素之一（最高 20 %），而更多考虑硬件设施和卫生条件。根据孩子性别来看，选择托育机构的前三个考虑因素一致（见表 7-8）。

表 7-8　按家庭收入：选择托育机构最主要三个原因　单位：%，个

	最低 20%	20%—40%	40%—60%	60%—80%	最高 20%
距离近	69.72	75.90	77.13	71.15	73.28
费用合理	35.78	25.30	30.32	33.08	19.43
硬件设施好	9.17	15.06	16.49	24.62	26.72
师资条件好	28.44	27.71	29.79	33.46	40.49
卫生条件好	14.68	13.25	25.53	24.23	23.08
放学时间晚	0.92	2.41	1.60	4.23	4.05
伙食好	20.18	10.84	14.36	13.85	13.36

	最低 20%	20%—40%	40%—60%	60%—80%	最高 20%
可以接收这个年龄的孩子	8.26	10.84	11.17	8.85	14.17
周围人都说好	7.34	10.24	12.77	10.38	4.86
周围其他的上不了	0.00	1.20	0.53	0.3	1.62
其他	7.34	6.02	2.13	3.46	2.83
样本数	109	166	188	260	247

注：多选题，百分比之和不等于100%。

综合以上数据分析，可以看出，中国 0—3 岁托育服务现状与需求特征。从机构类型来看，现有的入托机构类型主要是幼儿园，托儿所尚未成为主要的托育提供机构，其中，以民办机构为主。入托家庭的月入托费用占家庭月均收入比重为 14.57%。东部地区、收入越高、母亲受教育程度越高的家庭，入托费用占家庭收入比重越低，托育成本负担越低。

已入托的母亲选择托育机构最主要关心的三个因素是距离、师资和费用。母亲受教育程度越高、收入水平越高的家庭，选择托育机构时对费用的关心程度越低，对硬件设施的关心程度越高。

未入托家庭选择托育机构时最关心的三个因素是安全条件、师资能力和离家距离，86%的母亲希望托育机构在居住社区内或附近，75%的母亲目前希望托育机构提供全日托服务。

孩子未入托但有意愿入托的母亲中，超过 70%的母亲能接受的托育机构的价格在每月 1000 元以下。城市地区、东部地区、母亲教育水平较高、家庭收入水平较高的群体，能接受的价格更高。愿意接受的价格占家庭月收入的比重均值约 15%，与实际入托家庭托育花费占家庭月收入比重接近。对于有 0～3 岁孩子的家庭，目前最想获得的育儿方面的支持为有便捷的托儿所/托育服务（32.91%）、发放托育津贴（30.04%）、弹性工作时间/方式（11.81%），城市地区、教育水平较高的母亲、家庭收入较高的群体，对于弹性工作时间/方式、育儿假、延长产假等照料时间方面的需求更高。

第八章　国内外托育服务发展概况

第一节　国外托育服务发展经验

托育服务的发展水平与一个国家和地区的经济社会发展阶段密切相关。中国当前的托育服务正处于初始发展阶段，而发达国家的托育服务则相对成熟，可以为中国的托育发展提供宝贵的学习经验。

一、英国：0～5 岁儿童保教一体化发展

1998 年，为了提高 3 岁以下儿童保育质量，为儿童提供高质量的发展机会，英国开始实施"国家保育战略"（The National ChildcareStrategy for England），同时启动"确保开端计划"（Sure Start LocalProgram），对 0～3 岁儿童及其家庭在医疗保健、儿童保育、早期教育和家庭教育四个方面提供支持。2006 年修订的《儿童保育法》进一步明确规定，3 岁以下婴幼儿的托育服务由国家健康、社会或福利部门管理，地方政府协调各部门职责划分与协作。

2008 年，英国出台《早期奠基阶段法定框架》（Statutory Framework for the Early Years Foundation Stage,EYFS），将 0～5 岁儿童的保育教育视为统一整体，对儿童的学习与发展要求、发展评估、安全与健康要求等方面进行了规定。同时，将 0～5 岁儿童的教育和保育统一纳入英国教育标准局的监管，家庭福利部门、健康与卫生部门、劳动与培训部门、基础保育部门等多个部门

也参与管理，形成了一主多元的管理机制。

英国的托育服务形式多种多样。一是在家庭场所内提供服务，服务包括儿童保育员、家庭邻托、居家保姆等，通常提供弹性的服务时间，并按小时计费。二是由非家庭场所的服务机构提供日托或半日托服务。这些托育机构既包括学校内设的托育服务机构，如公立或私立学校设立的幼儿班，以及社区内的早期教育中心，也有私立或非营利性的早期教育中心等托育服务机构。从财政政策上来看，英国中央政府既直接向托幼机构拨款，又通过地方政府向托幼机构发放额外专项拨款。此外，英国还通过家庭补助与税费减免政策帮助家庭减轻育儿负担。

二、美国：平等开端计划

美国政府高度重视儿童托育服务，已出台一系列法律法规，旨在确保儿童从出生起都能接受正规教育，尤其是来自低收入家庭的学龄前儿童。这些法规包括 1979 年的《儿童保育法》、1988 年美国教育部推出的《平等开端计划》、1990 年的《儿童早期教育法》和《儿童保育和发展固定拨款法》和 2002 年的《不让一个儿童落后法》。成立于 1964 年的美国幼儿教育协会（National Association for the Education of Young Children，NAEYC）是美国最具权威性的早期教育综合性机构，设有教育、计划、管理、科研、培训等机构，在推动高质量的美国托育体系发展方面发挥了重要作用，在 20 世纪 80～90 年代推动了儿童托育服务标准的制定。

美国的 3 岁以下儿童托育服务体系主要包括日托中心、家庭日托点和居家式早教服务。多数日托中心采取市场化运营方式，根据地区、规模和质量等因素，月费用从几百美元到几千美元不等。部分日托中心由教会团体、工会、服务机构或联合性组织开设，面向中低收入家庭。家庭日托点通常由居民利用家庭住宅提供邻近托育服务，或由几位家长合作运营，提供互助式托育服务，收托儿童数量一般不超过 5 人，费用相对较低。居家式早教服务指的是保育人员前往婴幼儿家中提供服务，费用通常由政府和家庭共同分担，家庭负担较小。

提供托育服务的机构如日托中心和家庭日托点通常需要获得全美家庭儿童保育协会（NAFCC）的认证。从业人员需要在上岗前获得儿童发展协会（CDA）的从业资质认证。

三、日本：从"二元结构"到"保幼一体化"

为应对不断加剧的人口少子化、老龄化趋势，日本政府连续通过《育儿支援法》《认定儿童园法修正案》《育儿支援法以及认定儿童园修正法实施相关整备法律》等相关法案，对其育儿支援制度进行重大修改，加快推进"保幼一体型"的学前教育服务，逐步构建涵盖保育所、幼儿园、认定儿童园等多种类型的育儿支援服务体系。

保育所属儿童福利机构，归厚生省（负责医疗、卫生、社会等）管辖，入园条件是父母双方都工作或因其他原因白天无法照看儿童。入园对象一般为 1 岁至学前儿童，也有的收 3 个月至 6 个月的婴儿。保育时间原则上为每天 8 小时，特殊情况下还可延长。保育所以家庭收入水平为准计算费用，高收入的多交，低收入的少交，收入低于一定程度的免费。

幼儿园属教育机构，归文部省管辖，不论父母是否工作，满 3 岁或 4 岁的儿童（因园而异）都可入园，在园时间原则上为每天 4 小时，不论家庭收入多寡都按照统一价格收费。

认定儿童园是依据法律得到双方认可的服务机构，面向 0～5 岁学龄前儿童综合提供"保幼一体型"服务。旨在消除幼儿园和保育所之间的界限，实现资源的协调配置，扩大托育服务的受益人群，并根据监护人的实际需求提供更加灵活的服务。

四、瑞典：为 1～6 岁儿童提供学前教育公共服务

瑞典的托育服务是社会福利服务的典范，通过立法明确，学前教育是全社会的责任，由地方政府负责提供，保证所有适龄儿童（1～6 岁）获得公平民主、普遍惠及的学前公共服务。1996 年，瑞典将学前教育管理事务从国家卫生与社会部转到教育与科学部（The Ministry of Education and Science），1998 年明确由国家教育局负责，其职能是地方政府管理人员及托育工作人员指导手册的制定、课程设置、师资培训体系的建设、监督管理，以及部分经费的筹措。地方政府则负责设立托育机构、筹措托育经费、监督管理等。鼓励民间组织提供非营利的托育服务，并将其统一纳入公共服务体系。

在为 1～6 岁儿童提供学前教育公共服务的同时，瑞典也高度重视托育机构与家庭相结合的合作方式，尤其是父母的共同作用，1974 年，瑞典开始将母亲单独享受的产假，修改为父母双方可以轮流使用的带薪亲职假。产妇在产前一个月开始休假，在休产假期间拥有足够的产假补贴。从 2005 年开始，亲职假延长至 480 天，男性也同样拥有产假，让父母共同参与孩子的日常照顾与教育。

瑞典的托育机构主要包括全日制的托儿所、家庭托育中心、幼儿园、课后托育中心和学前班。其中，托儿所、家庭托育中心、幼儿园是混龄机构，接收 1～6 岁儿童入托，课后托育中心主要接收在学儿童，学前班则主要接收 6～7 岁儿童。课后托育中心和学前班的儿童往往同时使用托儿所或家庭托育中心，以便与父母的工作时间相衔接。1 岁以下的婴幼儿主要是由家庭照看，政府提供带薪育儿假等政策支持和保障。

2019 年，瑞典约 90% 的学前托育机构由地方政府设置，民营机构约占 10%，其中半数为父母互助团体。达到服务标准并提供平价服务的民营机构，可以得到与公办机构同样的政府补助。

瑞典的托育机构主要依靠地方政府的资金支持，家庭需要承担的托育费用相对较低，这种高质量且费用适中的日托服务使瑞典的女性更容易平衡工

作和照顾孩子的职责。此外，瑞典还建立了完善的保姆选拔和监管制度，中央政府和社会福利委员会共同管理托育服务系统，形成了高效的托育服务管理体系。

第二节　国内托育服务发展的地方探索

为更好地破解"幼有所育"难题，各地方政府开展了一系列的创新性探索，以提供更加全面、多样化、高质量的托育服务，满足不同家庭对儿童早期照顾的需求。这些地方探索为国内托育服务的未来发展奠定了坚实的基础，同时也为其他地区提供了可资借鉴的经验和教训。

一、上海市推进托幼一体化的探索

从托育服务发展情况来看，上海是当之无愧的"排头兵"。早在 1999 年，上海就开始探索建设 0～6 岁一体的管理体制机制，将增加托育服务供给作为民生工程的重要部分，不断加强政策规划引领，创新管理体制，积极探索托幼一体化发展。

1.加强政策规划引领

自 2003 年以来，上海市相继实施了一系列地方性政策法规，包括《上海市 0～3 岁婴幼儿教养方案》（2003 年试行，2008 年修订）、《上海市早教中心工作规程》（2005 年）、《上海市民办早期教养服务机构管理规定》（2006 年）等，旨在推进上海市 0～3 岁儿童早教机构的规范化和科学化发展。

2018 年 4 月，上海市发布了《关于促进和加强本市 3 岁以下幼儿托育服务工作的指导意见》《上海市 3 岁以下幼儿托育机构管理暂行办法》以及《上海市 3 岁以下幼儿托育机构设置标准（试行）》（简称"1+2"文件），提出"政府引导、家庭为主、多方参与"的基本思路，规范了托育机构的设置标准和管理办法。2020 年 8 月，上海市颁布了《上海市托育服务三年行动计划（2020—2022 年）》，从托育服务供给体系、管理体系、队伍建设体系和质量保障体系四大方面，对上海托育服务工作进行了全面规划，以"建立以社区为依托、机构为补充、普惠为主导的资源供给体系"和"努力让人民群众获得普惠、安全、优质的托育服务"为主要目标。

2.创新完善管理体制

上海市教委单独成立托幼工作处，主管 0～6 岁年龄段的托幼工作。市区两级政府部门建立学前与托幼工作联席会议制度，发挥其在托育服务调研、咨询和决策等方面的关键作用，同时，建立市、区、街镇三级联动的综合监管机制。在市区两级成立托育服务相关事业单位——托育服务指导中心，受理托育机构申办咨询业务，开展组织协调、日常管理与指导培训等工作。与此同时，上海市建立了 3 岁以下幼儿托育服务管理信息平台，实现市、区托育服务管理相关部门信息互通，托育机构开办者可以在线申办，家长也可以在线查询托育机构的详细信息，这些措施有助于提高托育服务的管理质量和管理效率。

3.推进托幼一体化发展

上海市提供托育服务的机构主要分为三类：一类是幼儿园托班，这也是托育服务供给的主体。自 20 世纪 90 年代开始，上海市在有条件的幼儿园逐步推进托幼一体。现阶段上海市托育服务初步形成了以普惠为导向、以托幼一体为主、多方共同参与的格局。上海市公办幼儿园收费在每月 1000 元以下，其中示范幼儿园 700 元/月，一级幼儿园 225 元/月，二级幼儿园 175 元/月，公办幼儿园托班收费采用相同的标准。地方财政对开设托班的公办园所在生均经费和编制方面加大保障力度。截至 2020 年 7 月，在上海市约 1700 所幼儿园中约有 450 个托幼一体机构，即 1/4 以上的幼儿园开设托班。幼儿园托班占上海市各类托育服务机构的比重在六成以上，为 3 岁以下婴幼儿提供的托位占比超过了一半，是目前上海市托育服务最重要的供给主体。

第二类是社会力量开办的托育机构。截至 2020 年 7 月，这类托育机构占上海市各类托育服务机构的比重在 30%左右，为 3 岁以下婴幼儿提供的托位占比超过四成。

第三类是其他托育服务机构，包括公立早教中心、集体办和企事业单位开办的托儿所。2003 年，上海市作为全国 0～3 岁婴幼儿早期教育试点地区，建立了公办早教中心，为当地 0～3 岁婴幼儿家庭每年提供 6 次免费早教指导服务。某些早教中心还提供全日制托班服务。

此外，具有一定福利性质的集体办和企事业单位办托儿所在满足单位内部员工子女托育需求的基础上，也向社会提供托育服务。截至 2020 年 7 月，上海市的托育服务机构总共提供了大约 3 万个托育位，占 2～3 幼儿总数的15%左右。根据 2018 年上海市人大教育科学文化卫生委员会的调查，需要托育服务的 3 岁以下幼儿占 39.2%。以全市适龄婴幼儿 60 万人为基础计算，各类服务机构累计提供的托位能够满足 13%的需求。

2023 年 1 月 1 日起实施的《上海市学前教育与托育服务条例》（以下简称《条例》），明确了通过多种方式构建普惠多元的托育服务体系。这是全国首部探索将学前教育与托育服务整合立法的地方性法规，进一步推动了上海学前教育与托育服务的一体化发展，巩固提升普惠性托育资源覆盖面。

《条例》的另一大亮点就是建立社区托育点提供临时照护服务。在《条例》出台前，上海市教委等 10 部门就联合印发《关于加强本市社区托育服务工作的指导意见》，提出在社区内设置嵌入式、标准化的社区托育服务设施，"十四五"期间实现全市 85%街镇覆盖。2022 年下半年，上海市静安区江宁路街道社区宝宝屋开始试运行，意味着上海的这条普惠性托育服务路径打通了。

截至 2022 年年底，上海有各类托育服务机构 1309 家（含社区托育点），其中普惠性托育机构 863 个（含社区托育点），超过机构总数的 65%，全市街镇普惠性托育机构覆盖率 97%，基本形成幼儿园托班为主力、普惠性资源为主体的托育服务格局。

二、浙江省杭州市发展产业园区嵌入式托育的探索

近年来，杭州市各类产业园区得到了快速的发展。由于人才的不断流入，园区中新居民和年轻人的占比逐渐增高，随之而来的子女照护服务需求也日益强烈。为满足园区职工的托育需求，杭州市积极探索在产业园区内开设嵌入式托育机构。这些机构不仅为职工家庭提供了方便的托育服务，还对企业的良性发展起到积极促进作用，同时也推动了地方经济社会的进步。

1.规划先行，政企合作提供优质普惠托育服务

一是由企业提供场地、资金用于建设，并配置维护所需的设施和设备。企业采用"园（产业园区）中园（幼儿园）"的设计，将原本用作办公楼展厅、接待室和户外场地的空间改建成幼儿园，建成后将其移交给当地教育部门管理。二是由教育部门将这些嵌入式幼儿园纳入公办园系列，为其提供专业师资并进行统一的运营管理。这些幼儿园包括托育服务，专门为2～3岁的幼儿设立托班，且托班的收费标准通常会比普通幼儿园的保育费高出40%。三是按照"谁投资谁受益"的原则，优先考虑企业员工的子女入园。尽管如此，目前提供的嵌入式托育服务的托位仍然无法完全满足企业员工的托育需求。

2.主动创新变革，打通园区办园的政策堵点

首先，通过消除土地政策的制约，鼓励园区利用现有的存量建筑并临时改变其使用功能。在试点项目中，对于使用工业生产配套服务设施用地的嵌入式机构，无需进行临时房屋用途变更。而对于确实需要使用工业用地的机构，在相关部门进行论证后，且在保持土地性质不变的情况下，可以按照临时改变房屋用途的方式来办理相关手续。

其次，合理调整相关的标准规范。在满足准办标准并符合消防技术规范的前提下，适当放宽一般性教育建筑的标准。例如，当前的托儿所和幼儿园建筑设计规范要求，四个班级及以上的托儿所和幼儿园建筑应独立设置。然而，对于大多数产业园区来说，新增托育机构很难满足这一要求。因此，在

杭州市的试点项目中，对于确实难以独立设置的幼儿园和托育机构，通过改建设立完全独立的出入口等方式，以达到基本相同的安全规范要求。另外，如果日照难以满足现行标准，可以通过增加户外场地和延长户外活动时间等方式进行弥补。

最后，拓展规划布局的范围。改变现行仅在居住区进行布局的规划模式，将幼儿园（含托育）同步嵌入产业园区的规划布局中。杭州市提出，在规模超过 1 万人的产业园区同步规划教育和托育配套用地，用于改建或新建幼儿园（含托育），以缓解产业园区托育资源的供求矛盾。

3.多部门协同发力，推动医育教融合发展

一是充分发挥卫生健康部门的管理职能，启用妇幼保健队伍，对 3 岁以下婴幼儿托育提供专业指导。考虑 3 岁以下和 3 岁以上婴幼儿在生长发育和养育服务需求上的差异，依托妇幼保健体系，通过提供婴幼儿膳食指南、参与制定托班教程、开展保育人员培训等方式，提升幼儿园托班的科学养育水平。

二是整合教育资源，构建学前与托育的联动机制。在师资方面，对于公办嵌入式幼儿园托班的师资，各区、县（市）编制部门会在编制总量范围内进行科学核定。对于民办的嵌入式幼儿园托班，将会参照相应等级的幼儿园标准来保障教职工的薪酬待遇。在经费上，将产业园区嵌入式幼儿园、托班纳入学前教育经费保障范围内，给予财政补贴；对于新开设的嵌入式幼儿园托班，市级财政会按照每班 4 万元的标准向区、县（市）提供一次性开班补助。

三是完善并执行各项支持政策，加大对嵌入式托育机构的税费减免力度。在社区家庭服务业的增值税、契税、房产税和教育附加费等已有税费优惠政策的基础上，给予土地年收益金和教育附加费的减免。对于机构的用电、用水、用气，并根据产业园区用电情况进行分表计量或者进行配比计量，以减轻机构的负担，推动医、教、育融合发展。

4.达成多方共赢，园区嵌入式托育效果初步显现

园区内的嵌入式托育服务产生了多方共赢的效果：一是职工满意。由于产业园区的职工主要是年轻家庭，其中许多是双职工家庭。嵌入式托育服务使他们能够更轻松地将孩子送到托育机构，解决了入托的难题，也提供了更为便利的托育选择。自首个嵌入式托育试点机构成立以来，服务需求一直供不应求。二是企业满意。开办嵌入式幼儿园既是企业履行社会责任的体现，也是吸引和留住人才的关键方式。这有助于提高员工的幸福感和满意度，同时促进企业的健康可持续发展。在托育机构的改建过程中，许多企业还将自家特色产品与服务融入其中，例如智能门禁系统的开发，用于考勤统计，将入园信息实时传送至食堂，智能体温监测系统的应用，用于实时体温监测和异常体温报警，还开发了亲子互动平板等，以缓解儿童入园焦虑等问题。这一过程也通过产教融合促进了企业产品研发。

最后，政府满意。嵌入式托育服务的发展既满足了普惠托育服务的供给需求，也促进了地区经济的发展。人才是经济发展和产业升级的重要基础，而提供普惠托育服务等民生公共服务则为吸引高新人才和年轻人提供了重要保障。产业园区内的托育服务的发展有助于优化营商环境，促进产业发展，提升城市竞争力。这些因素使嵌入式托育服务成为多方共赢的重要方式。

无论是上海的托幼一体化，还是杭州的嵌入式托育园，都是对托育服务模式的尝试和探索，也取得了一定的成效。但要实现托育服务的高质量、可持续发展，需要政府、企业和社会各方面的共同努力。在政策制定和实施过程中，必须充分考虑地区的实际情况，以确保托育服务的有效性和适应性。同时，也需要积极引入创新性的托育模式和服务方式，以满足不断变化的市场需求，提升托育服务质量。在未来的发展中，我们应该充分借鉴国外的先进经验，不断加强托育服务的实践与推广，探索具有中国特色的托育服务模式，为构建和谐社会和促进人的全面发展做出积极贡献。

第三节　国内托育服务模式探析

根据不同的家庭需求和婴幼儿特点，托育服务内容和服务模式也呈现千差万别的特点，托育服务体系中各种服务模式的出现与运用对儿童托育服务的发展和社会的稳定发挥着重要的作用，每一种模式都有其服务的重要性和特殊性。这一部分对具体的托育模式的分析，将有利于丰富婴幼儿托育服务领域的专业经验及服务技巧，进一步拓展托育服务体系中的理论内涵和外延，对于托育服务的实践模式具有较强的借鉴意义。

一、企业负责的托育服务模式

自 20 世纪五六十年代起，为了提高劳动参与率，我国曾在大中型城市的企事业单位中广泛开办托儿所。有没有托育服务甚至成为衡量一个单位福利服务是否完备的重要指标之一。后来在市场经济大潮的冲击下，出于"企业减负"的考量，托育服务职能被逐步剥离出去。现代企业制度的发展要求企业考虑雇员的地位、待遇和满足感，主动承担社会责任。由此，企业的托育服务不仅是一项福利，也是企业承担社会责任的重要方式。许多大企业都会附设或补助托育服务，使父母可以安心工作。

有条件的大中型企业可以在获得相关资质的情况下，在企业内开办托幼机构。对于举办托儿所的企业可以给予奖励政策，如将托儿所或幼儿园的成本纳入企业成本，使其享受税收优惠。同时，鼓励一些规模小或孩子少、自办有困难的企事业单位，按系统开办托育机构，或与附近单位、街道联合开办等。除安全、卫生等刚性指标外，对企事业单位主办的公共托育服务机构的其他限制性指标可适当放宽，比如，对活动场地面积的要求等。

二、社区为本的托育服务模式

提高 0～3 岁婴幼儿公共托育服务水平，需要考虑 0～3 岁婴幼儿生理、心理特点，探索一种"社区化"的托育服务模式。社区托育服务机构可以在日常生活中接触到小区居民，又因为地理位置的便利性，增加小区居民对于托育服务的参与性，托育服务的利用率大大提高。

比如，利用社区现有资源，如"妇女之家""儿童活动园地""星光老年之家"等载体，通过政府购买社会服务项目的方式，建立社区临时低偿 0～3 岁婴幼儿托育服务平台，鼓励社区内有意愿和能力的人员，如专职家庭主妇、退休和待业人员等加入托育服务队伍，根据其服务时间给予相应报酬。此外，有条件的地方，可以尝试建立政府严格审查合格的社区保姆系统，进入该保姆系统的人员不仅可以在雇主家庭和机构从业，也可以在家庭内自主举办小型托育点，就近招收社区内的 0～3 岁幼儿。

三、机构式托育服务模式

家庭公共服务有三种形式：第一种是支持或增强家庭功能的公共服务，比如各种类型的家政服务等。第二种指用于补充家庭功能的家庭公共服务，比如各种残疾人社区康复和照料。第三种是指代替（部分或全部）家庭功能的家庭公共服务，比如托育服务。托育服务作为家庭公共服务的一项重要内容，是为减轻家庭照料负担而提供的服务，可以使家庭成员获得休息的机会，同时也是为家庭成员因紧急情况而不能照料婴幼儿所提供的替代性服务。机构式托育又称为集合式托育，通常受托人较多，以 0～6 岁儿童为主要服务对象，例如幼儿园、托儿所等。此外，还有专门服务从出生到 3 岁幼儿的托婴中心或照顾新生儿的月子中心。20 世纪七八十年代，在相当长的一段时期，我国的 0～3 岁婴幼儿托育服务以机构照顾为主，其主要做法是政府出资创办各种形式的托育机构（如各种形式的保育园），通过机构集中照料的方式对双薪家庭中无人照看的 0～3 岁婴幼儿进行保育服务。但目前我国机构式托幼资源长期存在供需矛盾。近年来，因幼儿生源不断增多，公办和民办幼儿园只能定位于招收 3～6 岁儿童，这样满足 0～3 岁幼儿需要的机构内入托服务基本上还处于空白状态。另外，机构式托育对场地的要求较高，比如托育机构不能设在地下室或超过三层的高楼，必须有利于改建消防通道，这也都为短期内增加机构式托育服务加大了难度。

四、居家式托育服务模式

在机构式托育资源紧张问题短期内难以解决的前提下，居家式托育的重要性与需求程度与日俱增。相对于机构式托育而言，居家式托育能提供熟悉、温暖的环境以及稳定的依附对象，使幼儿能获得较多的关注与互动。0～3 岁的婴幼儿尚未形成生活自理能力，需要更多个别化的照料，而个别化或小团体的托育形式更容易满足这些需要。此外，居家式托育具有受托人数少、受托时间弹性化等特点，使得年轻父母更偏好选择居家式托育。因而，居家式托育不仅受到一些专家学者的关注，也受到越来越多家长的关注。

居家式托育是指 0～3 岁的儿童由专职托育服务人员在家中照顾，以家庭为主，维持家庭正向功能发挥。居家式托育的目的是补充父母因上班无法满足婴幼儿的需求而出现的一种居家式服务模式。许多家庭选择居家式托育服务的原因在于服务内容弹性化、家庭环境较好、较能配合父母的需求、离家近、受托人数较机构式托育少。除此之外，还具有其他托育方式不可替代的特质，如人性化，让托育服务人员和孩子、家长建立一种较为亲密的关系，具有方便性、弹性以及可得性的特点。因此居家式托育服务模式相对于机构式托育来说较利于 3 岁以下的婴幼儿。

然而，居家式托育也有其先天不可避免的一些缺点，包括从业者专业能力的不确定、监督制度不易进入、缺乏持续性的职业培训等，这些都是影响托育质量的重要因素。甚至由于一些居家式托育从业者照顾的婴幼儿数量少，也易让婴幼儿处于孤立情境，缺少与其他幼儿互动的机会。此外，居家式托育由于从业门槛较低，很多从业者没有登记注册而是私自经营，缺乏行业规范和政府的监管。一些居家式托育机构甚至不能满足政府要求的登记注册条件，存在卫生条件不合格、建筑设施不符合安全标准等问题。

五、医托一体化托育服务模式

所谓医托一体化，就是医院利用自身的医疗服务资源参与到婴幼儿托育服务中，通过在医院内部开设托育服务机构，以医护人员为服务主体，整合医疗、保育、早教资源，实现婴幼儿照护和育儿健康指导一体化、托育服务人员和医疗服务人员一体化，托育服务机构相当于一个科室直接纳入医院管理体系，实现医疗服务和托育服务的互通互融互用。这种医托一体化一方面促进了资源整合，实现了医疗资源和托育资源的有效配置；另一方面也提高了托育服务的有效性，医院围绕婴幼儿的健康成长，实现了健康照护服务向生活照料服务的拓展。

首先，医托一体化有助于保障托育服务的质量，使婴幼儿健康成长更有保障。根据《国务院办公厅关于促进 3 岁以下婴幼儿照护服务发展的指导意见》以及国家卫生健康委发布的《托育机构设置标准（试行）》《托育机构管理规范（试行）》《托育机构保育指导大纲（试行）》等一系列文件精神（见附录），托育服务更关注婴幼儿的健康成长。在医院内部开设托育机构，可以实现资源共享共用，也方便托育机构的婴幼儿及时、便捷就医，在婴幼儿健康成长指导方面具有明显优势。

其次，医托一体化有助于实现医院资源的拓展利用，提高效益，降低托育成本。医院拓展进入托育领域，有利于将未来可能剩余的医疗资源及时转型优化，增加婴幼儿家庭的市场黏性，从新生儿出生服务延伸到婴幼儿托育服务，服务过程更长，服务效益更高，同时托育机构与医院共享场地资源，减少了用地成本，只需要补充早教等人力资源，降低了用工成本。

再次，医托一体化满足了婴幼儿家庭的服务需求，实现服务延续拓展。医院内开设托育机构，减少了家庭再次向社会寻找托育机构的时间和精力，可以充分利用医院的资源，打通婴幼儿健康照护和疾病诊疗在场地、人员上的"隔阂"，有利于婴幼儿健康成长。

最后，医托一体化有利于卫生健康部门对托育机构进行业务管理，提高管理效能。据相关规定，卫生健康部门负责组织制定婴幼儿照护服务方面的政策规范，协调相关部门做好对婴幼儿照护机构的监督管理，负责婴幼儿照护卫生保健和婴幼儿早期发展的业务指导。而托育机构在申办过程中仅需要到卫生健康部门备案，卫生健康部门实际缺少对托育机构的直接管理权限，更多还需要市场监管等其他部门的支持。医托一体化可以将托育机构纳入医院统一管理，更好地接受卫生健康部门的业务指导，并可以此为中心，形成区域性的婴幼儿健康照料指导中心，覆盖更多托育机构。

目前，发展托育服务普遍存在服务资源匮乏、从业人员素质参差不齐、服务标准缺失等问题，尤其是托育专业人才紧缺问题比较突出，特别是在托育服务强调婴幼儿健康照护的要求下，医学背景的托育人员更是匮乏。通过医托一体化不仅可以在一定程度上缓解服务人员不足的问题，更在医疗资源上对托育服务的质量有所保障，也会促进医院优化资源配置，为更多家庭提供多样化、优质化的托育服务。当然，医托一体化属于新鲜事物，不仅需要在医保结算、管理体系、人员共享等方面进行深入探索，还需要通过构建医托一体化服务保障体系，提高托育服务的精细化、专业化、高效化水平。

第九章　托育服务高质量发展的路径和措施

第一节　托育服务体系建构思路

一、发展定位

当前，中国托育服务处于重新起步阶段，随着越来越多的社会资源和公共资源同步进入托育服务市场，需要根据需求和供给现状，找准托育服务发展的基本方向，厘清政府、企业、社会和家庭等参与主体的定位，明确普惠性托育服务的定义，探讨托育服务供给方式的适用性，提出构建和完善托育服务供给体系、增加托育服务供给的建议。

1.增加托育服务供给是"十四五"时期非基本公共服务的重要内容

托育服务有效供给不足已成为保障和改善民生的主要短板。为此，国务院《促进 3 岁以下婴幼儿照护服务发展的指导意见》提出，要充分调动社会力量的积极性，以多种形式开展婴幼儿照护服务。针对我国托育服务发展的现状，该指导意见还提出了"政策引导，普惠优先"的发展原则，强调优先支持普惠性婴幼儿照护服务机构。同时，国家发展改革委和国家卫生健康委联合发布了《支持社会力量发展普惠托育服务专项行动实施方案（试行）》，明确提出 3 岁以下婴幼儿托育服务属于非基本公共服务范围，是地方政府事权，要坚持社会化发展托育服务，发挥中央预算内投资的示范带动作用和地方政府的引导作用激发社会力量参与的积极性，着力增加 3 岁以下婴幼儿普惠性托育服务有效供给。

2.发展托育服务需要充分发挥政府和市场的合力

一方面，按照公共服务供给侧结构性改革的原则，弥补非基本公共服务弱项，坚持社会化发展方向，充分发挥市场和行业协会、商会等社会组织的作用，鼓励引导社会力量参与，扩大托育服务有效供给。另一方面，目前我国托育服务市场正处于起步阶段，仅仅依靠市场资本很难解决"入托难、入托贵"问题。在营利导向和高成本的压力下，社会资本主要提供面向高收入家庭的高收费服务项目，缺乏动力或者没有能力提供广大家庭可承受的普惠服务。为此，应遵循市场化改革方向，政府做好政策制定、规划引领、环境营造、监管服务等工作，为市场发挥主体作用创造良好的制度环境；同时，随着我国综合国力的持续提升，公共财政收入稳定增长，国家有能力加大政府资金投入，合理分担社会力量的经营成本，激发服务市场活力，增加普惠服务供给。

3.增加普惠服务是"十四五"时期托育服务发展的重点任务

普惠性托育服务是指面向广大婴幼儿家庭提供的质量有保障、价格可承受、方便可及的托育服务。普惠性托育服务的内涵具体包括四大维度。

一是服务质量维度，即质量有保障。托育机构能否从设施设备等硬件和从业人员等软件等多个方面为 3 岁以下儿童提供安全、优质的托育服务，是普惠性托育服务的首要衡量维度。2019 年对北京、苏州等地的调查显示，服务质量是家长选择托育机构的重要考量因素。如北京市家长对托育机构最关心的问题是安全性（76.80%），其次是卫生健康（71.00%）和教师专业性（59.23%）。

二是服务价格维度，即价格可承受。确定普惠的服务价格，需要综合平衡供需双方诉求，并在家庭、机构、政府之间建立成本合理分担机制。从需求方而言，其支付的服务费用应在广大普通家庭可负担的范围之内，因而可支配收入可以作为一个主要的参考变量；从供给方而言，其收取的服务费用应该能维持托育机构的正常运转，因而经营成本可以作为一个主要的参考变量；如果维持基本经营的服务价格依然超出普通家庭的支付能力，则需要政府以家庭补贴、机构补贴或购买服务等方式，增加普惠服务供给。

三是服务对象维度，即面向社会大众。托育机构所提供的托育服务是否能惠及广大婴幼儿家长，而非仅面向特定的个别群体，也是衡量托育服务普惠性的一个方面。

四是服务布局维度，即方便易达。托育机构的布局是否合理，辖区婴幼儿家庭获得服务是否方便快捷，是衡量托育服务普惠性的重要标准。其中，服务质量是界定普惠性托育服务的首要维度，应在保障质量的基础上制定大多数家庭可负担的价格。普惠托育服务的价格受多重因素的影响：在供给侧，普惠价格一定程度上取决于托育服务机构的建设运营成本；在需求侧，普惠价格根据东中西不同地区居民收入水平而有所区别；在政策层面，普惠价格因政府支持补贴力度不同而有所差异。建议由地方政府与托育机构协商确定普惠价格，并根据不同地区居民收入水平、托育服务机构建设运营成本、地方政府财政支持能力的不同而进行调整。

二、发展思路

1.坚持儿童优先，科学规范发展托育服务

遵循婴幼儿成长特点和规律，促进婴幼儿在身体发育、动作、语言、认知、情感与社会性等方面的全面发展，最大限度地保护婴幼儿，确保婴幼儿的安全和健康。建立完善的政策法规体系、行业标准体系和监督管理体系，推动托育服务法制化、标准化和规范化发展。

2.坚持需求导向，优先支持发展普惠托育

将婴幼儿照护服务纳入经济社会发展规划，加快完善相关政策，强化政策引导和统筹引领，充分调动社会力量的积极性，大力推动婴幼儿照护服务发展。优先支持面向社会大众的普惠性托育服务项目，为婴幼儿家庭提供质量有保障、价格可承受、方便可及的托育服务。

3.坚持多元主体，发挥政府和市场的合力

一方面，遵循市场化改革方向，政府做好政策制定、规划引领、环境营造、监管服务等工作，为市场发挥主体作用创造良好的制度环境。另一方面，坚持"尽力而为、量力而行"的原则，加大政府投入，充分发挥政府投资的引导作用，合理分担社会力量的经营成本，激发服务市场活力，增加托育服务尤其是普惠性托育服务的供给。

三、体系框架

针对不同群体的托育服务需求，结合当前托育机构的实际情况，国内托育服务供给体系包括三个板块：普惠板块（U）为主体，面向大众提供可负担的服务；非普惠板块（w），面向多样化个性化需求；线上板块（A），面向不愿或不能进入机构的家庭，进一步扩大托育服务的覆盖率（见表9-1）。

表9-1　托育服务供给体系框架

板块一：普惠托育机构（U）		板块二：非普惠托育机构（W）
县市级普惠性综合托育中心		W1：大型机构
社区普惠托育中心	中型社区中心	W2：中型机构
	小型社区中心	W3：小型机构
微型托育点（依托家庭或工作场所）		W4：微型机构
板块三：线上托育平台（A）通过线上平台为家庭提供托育服务和育儿指导		

注：微型机构包括家庭托育点和依托工作场所主要为本单位职工提供托育服务的托育点，建议家庭托育点收托儿童在6人以下，工作场所托育点在10人以下。

1.板块一：普惠托育机构（U）

普惠托育机构面向广大居民，提供质量有保障、价格可承受、方便可及的普惠托育服务。普惠托育机构包括区域综合托育中心、社区托育中心、依托工作场所和家庭的托育点，主要由社会力量开办，政府通过建设补贴、政策优惠等方式给予支持。

技术支撑：普惠性区域（县市级）综合托育中心。综合托育中心是区域内具有带动效应、承担一定指导功能的示范性托育服务机构其在提供一定规模普惠性托位的同时，在机构设置标准、机构管理规范、课程教材开发、教养计划方案等方面探索一体化标准，推动托育服务的标准化和规范化建设，为每位入托儿童提供安全优质的托育服务，并为区域内的中小托育机构提供技术指导、管理咨询和从业人员培训为家长及婴幼儿照护者提供婴幼儿早期发展指导和社区亲子服务等

骨干网络：普惠性社区托育中心。社区托育中心是以社区家庭为主要服务对象的各类嵌入式、分布式、连锁化、专业化的社区托育服务机构、提供全日托、半日托、计时托、临时托等多样化的普惠托育服务，并为家庭提供婴幼儿早期发展专业指导服务。根据服务范围和目标人群的不同，社区托育中心可分为中型托育机构和小型托育机构两类。

重要补充：工作场所托育点和家庭邻托点。依托工作场所的微型托育点以单位职工为主要服务对象，兼顾附近居民，由用人单位在工作场所或就近提供福利性托育服务。家庭邻托点以住宅区内的邻近家庭为主要服务对象，在私人住所提供弹性化、便捷化、灵活多样的托育服务。工作场所托育点和家庭邻托点是机构托育的重要补充。

2.板块二：非普惠托育机构（W）

非普惠托育机构满足城乡居民多层次、多样化的托育需求。非普惠托育服务由市场主体提供，政府应加快建立完善托育服务政策法规体系、标准规范体系，为各类托育服务提供者创造法治规范、公平公正的市场环境。

3.板块三：线上托育平台（A）

推动线上和线下托育服务实现深度融合，引导托育机构利用新技术、开发新模式，依托线下成熟的服务体系和服务内容，开发更多适合线上的课程和场景，让更多育儿家庭能在机构外接受高质量、普惠的托育服务，大幅度提高托育服务家庭覆盖率。支持头部机构利用线上平台，为其他托育机构提

供师资培训、技术支持等服务。线上平台主要由市场主体建立、政府应通过奖励补贴、购买服务等方式，支持平台提供普惠服务。

四、发展目标

目前，关于托育服务供给水平影响因素的研究相对较少，但学前教育领域的相关研究可以为我们提供参考。对我国学前教育研究发现，城乡、地区之间的入园率存在较大差异，经济社会发展水平是最为显著的影响因素。为此，我们首先预测"十四五"时期中国的人均 GDP 和城镇化率，然后参照主要发达国家在相同阶段的入托率水平，确定中国托育服务的供给目标。

"十四五"时期，中国仍处于城镇化快速发展阶段，预计城镇人口比重每年提高 1 个百分点，即到 2025 年达到 66.6%左右。

"十四五"时期，中国经济仍将保持 5%～5.5%的增长速度，预计人均GDP 年均增长 5%，到 2025 年达到 10850 美元（按 2010 年不变价计算）。

参照 42 个主要发达国家人均 GDP、城镇化率与入托率的关系计算）预计到 2025 年，在 66.6%的城镇化率、10850 美元的人均 GDP 水平下，3 岁以下儿童入托率约为 15.7%。

因此，"十四五"时期中国托育服务发展的基本目标是：到 2025 年机构托位数达到 3 岁以下婴幼儿人数的 15%以上，即新增 475 万个托位，其中普惠性托位占 60%以上，基本满足城乡居民最为迫切的托育服务需求。

"十四五"时期中国托育服务发展的总目标是："十四五"时期，发挥政府的引导作用和市场配置资源的决定性作用，支持社会力量增加托育服务供给，不断创新服务模式，不断丰富服务内容，不断提升服务质量，不断加强人力资源支撑，基本建成以县市级综合托育中心为节点、以社区托育中心为骨干、以家庭和工作场所托育点为补充、线上托育和线下托育深度融合的普惠托育服务网络，推动形成制度完善、运营良好、监管到位、可持续发展和多元化、多样化、覆盖城乡的托育服务体系。具体来说：

一是托育服务供给显著增加。到 2025 年，3 岁以下婴幼儿入托率达到 15% 以上，每千人常住人口拥有的 3 岁以下婴幼儿托位达到 4 个以上。

二是普惠托育服务体系初步形成。优先支持面向社会大众的普惠托育服务发展，为婴幼儿家庭提供质量有保障、价格可承受、方便可及的托育服务，到 2025 年，普惠托位占总托位的比重争取达到 60% 以上。

三是线上线下托育服务实现深度融合，到 2025 年，线上托育服务争取覆盖 25% 以上的 3 岁以下婴幼儿家庭。

四是人力资源供给形成有效支撑，到 2025 年，托育机构从业人员接受专业培训的比例达到 90% 以上。

第二节　托育服务体系建构路径

托育服务体系的建构需要政府、社会、市场和家庭共同努力，形成多元化、专业化、系统化的托育服务供给体系，以满足不同家庭和孩子的需求，促进人口长期均衡发展和经济社会高质量发展。

一、完善服务体系顶层设计，推动托育服务一体化发展

一是制定全面的托育服务体系规划。明确托育服务的公共服务属性，政府在量力而行的原则下，承担更多的托育服务职责。将发展托育服务纳入"十四五"规划纲要、卫生健康事业专项规划和儿童发展规划，研究编制"十四五"时期加强托育服务体系建设的专项规划。

二是合理界定政府和市场责任。明确基本托育服务由政府部门负责，准公共服务由政府部门和家庭共同承担，市场化托育服务由家庭个人承担，形成政府部门、家庭、社会的合理分工，发挥财政资金在托育服务中的保障和引导作用。特别关注农村困境儿童、留守儿童的早期发展，优先把困境儿童

养育支持服务纳入基本公共服务体系；对双职工、低收入困难家庭给予补贴以支持家庭发展，并纳入基本公共服务清单。通过税收减免、机构补贴、政府购买服务等方式，鼓励社会力量参与托育服务供给。

三是逐步实现托幼一体化发展。及时跟踪市场发展情况和服务需求，适时将0～3岁婴幼儿的托育服务纳入学前教育体系。"十四五"初期，中国处于托育服务发展的起步阶段，学前教育行动计划的攻坚时期，受经济下行影响，财政支出压力较大，应重点打造规范有序的托育服务发展环境，支持社会力量发展普惠托育服务；"十四五"中后期，伴随着出生人口惯性减少，学前教育压力有所缓解，应探索推进托幼一体化发展，量力而行，逐步将托育服务纳入公共教育体系。

二、加强行业综合监管，推动托育服务标准化、规范化发展

一是坚持包容审慎的原则，促进托育服务市场法治化和规范化的发展。需完善有关的政策法规，细化设施标准、设备标准、从业人员标准、服务标准、服务收费标准等，明确操作指南，并加强培训指导。对托育服务机构实施动态管理，建立登记备案制度、信息公示制度和质量评估制度，从准入登记到服务监管再到服务质量评估实行全过程监管。推动实施托育服务行业的守信联合激励和失信联合惩戒，建立托育服务机构及从业人员的"黑名单"制度。

二是促进多元治理，建立健全监管评估机制。在县（市）级别，成立托育委员会，由地方政府、托育机构和家长代表共同组成，以推动托育机构的参与式管理。定期对托育机构和从业人员的工作规范进行评估和服务质量监测，通过互联网等信息技术，加强对托育机构的运营监测，建立托育服务行业的信用评价制度，充分发挥行业协会、新闻媒体、家长等的社会监督作用。

三是加强政策储备，探索体制机制改革和创新。管理体制方面，建立专门的托育服务工作委员会或跨部门管理委员会，以协调0～6岁儿童托育服务

工作的法律、政策和管理层面。在体系建设方面,支持设立针对0～6岁儿童的混龄托育服务机构,并鼓励各种类型的幼儿园向前延伸。在服务内容上,倡导养育性照料,根据孩子发育和成长的科学规律,在孩子的日常照料中融入早期教育元素。尤其需要关注儿童参与意识、决策意识和责任意识等素质的培养。

三、增加普惠服务有效供给,促进教育公平

一是支持普惠托育示范中心的建设。鼓励各地设立典型的普惠托育示范中心,提供标准、规范的托育服务。这些示范中心可以为中小托育机构提供技术指导、管理咨询和员工培训。

二是支持社区普惠性托育中心的建设。根据居住区的需要,在城市社区建立普惠性托育中心,提供科学的育儿指导和组织社区亲子活动,确保儿童在离家较近的地方就可以获得方便的托育服务。

三是支持小型托育点规范建设。支持家庭托育或工作场所的小型托育点提供普惠服务。对于不符合托育机构设置标准和管理规范的现有托育点,可以给予适当的缓冲期,以支持其进行规范化改造。

四是推动家庭托育服务的多样化。鼓励各种托育机构采取不同形式,如入户指导、亲子活动、家长课程等,为家庭提供线上线下的科学育儿指导。

五是推动技术创新和应用。积极推动新一代信息技术,如人工智能、云计算和大数据在托育服务领域的应用。这包括开发教材、培训师资、进行服务评估等各方面,以提高托育服务的数字化和智能化水平,建立面向托育服务全行业的关键技术平台,以促进整个托育服务行业的发展。

四、因势利导,推动多元主体参与

一是投资主体多元化。促进多元化投资主体,逐步完善政策体系,充分

发挥市场在资源配置方面的决策性作用，以创造有利的市场环境，鼓励市场主体积极参与托育服务供给。积极引导社会资本的投资，通过提供土地支持、信贷支持、贴息补助、奖励补贴等多种方式，鼓励企业、公益慈善组织和其他社会机构加大投资，参与托育服务设施的建设、运营和管理。

二是明确政府投资方向。逐步增加政府投资，协调中央预算内资金、地方财政资金、地方政府专项债券等资源，重点支持普惠托育服务体系的建设。利用中央预算内投资引导地方政府制定支持性政策，以投资换取相应的机制改革，从而促进企业提供普惠性服务。根据托育机构的需求，中央预算内投资主要用于普惠机构的建设、设备升级、信息化建设、员工培训和线上服务平台的技术创新。

三是实施差异化支持政策。考虑到不同地区托育机构的建设成本差异，特别是东部城市地区的成本较高，中央预算内投资的分配可以适度倾斜于成本较高的地区。鼓励地方政府在普惠托位建设上提供额外补贴，同时根据实际情况探索发放婴幼儿家庭的差别化托育消费券（例如，根据孩子年龄提供不同额度的券），以减轻托育服务机构的成本压力，增加普惠服务供应。

五、促进全产业链发展，加速托育服务提质扩容

一是提高托育行业信息化水平。一方面，建立行业信息公开和监督平台。借助行业协会的支持，基于托育机构的信息系统，创建全国统一的在线托育服务平台，以便公众能够更好地了解托育机构和行业的发展情况，并增强社会监督。特别关注发布托育机构和托育师的备案信息、资质信息以及服务质量的监督反馈和评价信息。另一方面，推动托育机构的信息化建设。鼓励托育机构配置儿童电子档案和管理系统、全面的视频监控系统、智能安全和健康检查设备、儿童日常和成长信息的收集系统，以及机构和家长的实时沟通系统，以提高其内部管理水平。同时，重视数据信息和入托儿童隐私的保护，积极探索数据信息的分级分类安全保护。

二是提高托育服务质量。塑造托育服务品牌，开拓潜在消费市场，促进托育服务的高质量发展。支持行业协会、第三方机构和地方政府在培育和建设托育服务品牌方面发挥作用，建立行业标杆和服务典范，制定托育服务品牌培育和评价标准，鼓励托育服务机构树立品牌意识，并建立有效的品牌运营管理体系。

三是推动托育服务全产业链发展。促进托育服务产品市场的繁荣，提高婴幼儿托育相关产品的质量，培育本国品牌在托育服务、乳粉奶业、动画设计和制作等行业中的影响力，从而促进托育消费的增长。加强婴幼儿产品的研发和创新，建设以企业为主体的创新体系，支持婴幼用品制造业的转型升级，鼓励采用新技术、新工艺、新材料和新设备，在安全评估和风险监测的基础上，满足个性化需求，强调产品的自主创新和迭代应用。同时，建立完善的托育服务科技成果信息发布和共享平台，加强技术转移和产业化服务，以技术交易市场为核心，促进相关婴幼儿产品质量的提升，完善质量标准和强制性安全标准，支持企业加强质量在线监测、在线控制和产品全生命周期质量追溯，同时加强知识产权的保护和应用。

六、增加人力资源有效供给，破解托育服务高质量发展困局

一是加强托育人才供给。尽快制定国家职业技能标准和考核标准，以适应 3 岁以下儿童托育服务的发展需求，并将相关职业列入急需人才目录和政府资助的培训项目。积极推动托育从业人员的在职培训，启动专项计划，旨在提升托育机构负责人和托育人员的能力，逐步实现全员轮训，并建立完备的托育相关专业本科和高职院校的培训体系。

二是完善职业规划和改善工作环境。研究制定托育服务人员的最低工资标准，确保他们获得基本的社会保障，提高托育服务人员的福利待遇，建立完整的职称评定和晋升体系，提高职业吸引力，以增加人才队伍的稳定性。

三是强化人力资源能力建设。积极培养和建设一批深度参与产教融合、

校企合作的托育机构，使其在职业院校（含技工院校）、高等学校办学和深化改革中发挥重要作用，在面向全行业的技术技能人才培养上发挥示范引领作用。鼓励领先的托育机构整合产业资源和职业教育资源，通过模拟职业环境、集中培训和专业考核，大规模培养合格的托育从业人员。同时，鼓励创新直播技术和生态平台，以实现托育从业人员的在线教育，从而建立"线上+线下"双师培训模式，提高培训效率和技能提升并促进"终身学习"。

七、协同配套支持措施，形成托育服务发展的政策合力

一是进一步完善普惠托育服务支持政策。进一步推动土地政策和规划政策、报批建设政策、培训和教育政策、人才支持政策、卫生消防政策等支持政策落地。鼓励各地采用提供场地、减免租金、给予建设补贴和运营补贴、提供贷款贴息等方式支持普惠托育机构发展。引导银行和保险机构针对托育机构的特点开发专属信贷和保险产品，为普惠托育机构建设创造融资条件。

二是加大对育儿家庭的财政支持。探索为育儿家庭发放生育补贴，把困境儿童养育支持服务纳入基本公共服务清单，为低收入家庭提供育儿津贴。对育儿父母的个人所得税进行减免或退税，制定以家庭为单位的税收优惠政策。

三是促进托育服务政策与生育假期相关政策的衔接。进一步优化生育假期政策，扩大产假覆盖面，探索实行带薪或无薪育儿假，提供更具弹性的休假选择，更好地实现与父母孕期生活、儿童学前教育和父母工作安排之间的衔接。

托育服务体系的建立，除在正规机构给婴幼儿提供科学养育和智力启蒙外，还可以为家庭育儿提供指导，提升家长的育儿知识与能力。从起点关注未来人才的身心健康发展，为下一代的成长创造良好环境，将有助于改善人口的健康资本和智力资本，加快推动人口红利向人才红利转变，为中华民族伟大复兴提供人才保障。

第十章　新时代托育服务人才培养

托育服务不仅是家庭照顾和教育的延伸，更是为 0～3 岁婴幼儿提供全面、科学、优质的早期教育服务的平台。为了满足社会对托育服务的需求，培养专业的托育服务人才成为当务之急。

然而，当前我国托育服务人才培养体系尚不完善，存在诸多问题。其中，托育服务人才的数量和质量不足，是制约托育服务发展的关键因素之一。因此，如何培养新时代托育服务人才，提高托育服务质量，已成为我们必须面对的重要问题。

本章旨在探讨新时代托育服务人才培养的现状、问题与对策。通过对国外比较典型且已取得相应效果的人才培养体系进行比较分析，提出针对性的改进措施和建议，以期为我国托育服务人才培养的进一步发展提供参考。

第一节　托育服务人才培养现状及分析

通过分析我国托育服务行业的发展可知，国民对高质量、专业化的托育服务的需求日益扩大。而随着年轻父母家庭育儿理念的日益科学化，托育服务需求也日益多样化。相对于我国 3～6 岁学前教育事业已取得长足发展，0～3 岁托育事业却远远不能满足广大家庭的需求，尤其是高素质托育人才的极度紧缺严重阻碍了托育行业的发展，更遑论高质量发展了。

为回应社会民生关切，2019 年 5 月，国务院办公厅印发《关于促进 3 岁以下婴幼儿照护服务发展的指导意见》，明确了促进婴幼儿照护服务发展的基本原则、发展目标、主要任务、保障措施和组织实施。提出以家庭为主，托育补充，要求加快培养婴幼儿照护相关专业人才。这是首次从国家层面提出婴幼儿托育服务的指导思想，并把托育专业人才建设放在重中之重的位置。同年 10 月，为进一步加强托育服务专业化与规范化建设，国家卫生健康委组织制定了《托育机构设置标准（试行）》及《托育机构管理规范（试行）》，充分调动社会力量的积极性，多种形式开展标准化的婴幼儿照护服务。

一、概述

托育机构是为 3 岁以下婴幼儿提供全日托、半日托、计时托、临时托等托育服务的机构。目前我国共有 1.7 万家托育相关企业，仅 2020 年新增托育相关企业已经超过 8000 家，企业注册量为 2019 年全年的 4 倍，托育服务渐成刚需，市场潜力巨大。根据《托育机构设置标准（试行）》中的相关规定，托育机构一般设置乳儿班（6～12 个月，10 人以下）、托小班（12～24 个月，15 人以下）、托大班（24～36 个月，20 人以下）三种班型。托育机构应配置综合管理、保育照护、卫生保健、安全保卫等工作人员，保育人员主要负责婴幼儿日常生活照料，安排游戏活动，促进婴幼儿身心健康，养成良好的行为习惯。

目前我国较发达地区 0～3 岁托育机构主要以早教中心、幼托班、托儿所和亲子幼儿园的形式存在。这些托育机构的教育与发展水平参差不齐，缺乏统一的规划与领导，托育机构拓展托育的能力不足，服务内容不明确。例如，我国大部分亲子园与早教中心都以辅助家长提高对孩子的照料能力为主要目的，把指导重点放在生活照料上，没有形成营养、保健和心理教育的一体化体系。

此外，托育服务市场的师资队伍年龄结构年轻化，加上并不是托育专业背景，导致其系统的理论知识不够全面，更缺乏实践经验。虽然学前教育、早教专业与托育专业密切相关，但不足以胜任 0～3 岁婴幼儿照护。如学前教育专业主要以 3～6 岁幼儿身心发展特点来构建人才培养体系，注重幼儿五大领域发展，重教育轻保育，而托育行业服务对象为 0～3 岁婴幼儿，轻教育重保育，导致学前教育背景的师资面对 0～3 岁婴幼儿照护，如更换尿布、清洗屁股、观察大小便时无从下手。可见，3～6 岁的教育理论和技能照护并不完全适用于托育服务。而早教专业虽然关注的也是 0～3 岁婴幼儿群体，但其也重教育轻保育，甚至无保育，主要任务是为 0～3 岁婴幼儿及家长开展亲子教育或早期教育，以课程教育为主，家长全程陪同。而托育专业以婴幼儿健康、营养、安全、情感回应及早期学习为目标，促进婴幼儿健康和潜能发展，兼保育、教育为一体。作为一名合格的托育机构从业人员，不仅要懂得如何教，更要掌握如何育，以及能够将"育"和"教"有机融合，具备较高的岗位职业能力。

二、专业的托育服务人才应具备的素质

促进托育服务事业高质量发展，人才是关键。2022 年《"十四五"卫生健康人才发展规划》对卫生健康人才进行了重新定义：除了医药护技等卫生技术人才，老年健康、职业健康、医养结合、托育服务、健康服务业等相关领域人才需要一并纳入卫生健康人才范畴，加强培养、开发、建设和管理；并明确提出了"实施国家托育服务人才培训计划，力争到 2025 年培养和培训托育服务专业人才不低于 100 万人"的工作目标。那么，专业的托育服务人才应具备哪些素养呢？

托育服务人才的专业素养是指其在托育服务工作中所展现出的文化、道德、情感、态度、价值观等方面的综合素质。主要由职业道德、专业理念、专业知识和专业能力等方面的内容构成。

1.良好的职业道德和行为规范

托育面对的群体是身心迅速发展且最为脆弱的 0～3 岁的婴幼儿群体，这

阶段的婴幼儿最需要成人悉心照护和扎实的爱心与耐心。因而，在人才培养过程中，要大力推崇良好的职业道德与人文素养。要热爱孩子、热爱教育事业，有强烈而持久的教育动机，较高的工作积极性。有敬业意识和乐业精神，热爱自己所从事的托育服务事业，愿意以积极的态度去从事托育服务，有高度的责任感、使命感、尊严感和荣誉感，以及诚实守信、爱岗敬业、尽职尽责的职业信念，并通过守规、勤业、精业的职业态度和职业行为表现出来。

2.深厚的教育理念和专业知识

托育服务人才应该具备深厚的教育理念和专业知识，了解婴幼儿身心发展的规律和特点，掌握婴幼儿教育的基本理论和方法。能够根据婴幼儿的不同特点和需求，提供个性化的保育服务，促进婴幼儿的全面发展。

（1）专业的保育能力。照顾 0～3 岁婴幼儿是一项十分繁琐的工作，托育服务人才必须具备良好的管理能力及保育能力，既能顺利处理一些紧急、特殊情况，又能有效组织 0～3 岁婴幼儿开展日常的生活、学习活动。在班级管理这一方面，需要具备独立带班的能力及处理应急事件的能力。在幼儿保育这一方面，托育专业老师需要具备扎实的婴幼儿护理和养育知识，能够提供专业的喂养、护理和照看服务。同时，具备基本的医疗常识、急救技能，以及极强的安全意识，能够及时为幼儿排除安全隐患，能够在紧急情况下提供必要的帮助。

（2）观察和了解婴幼儿的能力。教育必须以目标为导向，而了解受教育者是实现这一目标的前提。在婴幼儿托育领域，同样需要根据每个婴幼儿的实际需求来设计和实施教育方案，以促进他们的全面发展。

对于婴幼儿行为的直接观察是教师了解他们的最重要方式。由于婴幼儿的自我控制能力较弱，他们的情绪和行为往往直接表露出来。每一个小动作、表情都代表着他们的真实感受和想法。教师需要具备敏锐的观察力和理解力，能够捕捉到这些细微的变化并理解其背后的意义，及时发现婴幼儿最迫切的需求，并根据他们的个性特点做出恰当的回应和决策。

直接观察分为随机观察和有计划的观察两种方式。在随机观察中，教师需要时刻保持警觉，注意观察婴幼儿的各种行为和情绪变化，以便在第一时间做出正确的判断和反应。有计划的观察则要求教师预先制定观察计划和目标，并选择最具代表性的场景进行观察。这种观察需要持续一段时间，并对观察结果进行详细记录。随后，教师需要对记录进行分析和综合归纳，以便了解每个婴幼儿的优点和缺点，为他们设计出更加适合的保教学习方案。

（3）设计教育活动的能力。婴幼儿托育旨在通过多元化的保教教学活动，全面推动婴幼儿在道德、智力、体能、美学和劳动技能等领域的综合发展。设计教育活动的能力是幼儿教师不可或缺的专业技能。教师需要充分考虑幼儿的身心特点、智力水平、思维模式以及各项能力等因素，精心策划各种游戏、教学活动，并准备相应的游戏、教学道具，确保课前准备充分。设计的教育活动应突出婴幼儿作为主体的教育原则，教师在此过程中要充分发挥引导作用，积极调动婴幼儿的各种感官，激发幼儿对知识的渴求和学习的热情。

（4）组织管理能力。由于婴幼儿的自我控制能力较弱，因此需要教师对保教过程进行组织管理。一是对教学过程的组织管理；二是对婴幼儿群体的组织管理。具体来说，包括制定班级教育工作计划的能力；创设与本班婴幼儿发展相适宜的环境的能力；建立一个良好班集体的能力；根据婴幼儿的发展水平，进行分组及灵活地指导各小组同时进行活动的能力；组织婴幼儿开展各类教育活动并进行评价的能力。

幼儿教师要善于组织教育活动，灵活运用各种教学手段，指导幼儿使用学具，培养幼儿动手操作能力和创造性思维。他们还需要积极指导游戏活动，充分利用各种教育教学设施，积极组织幼儿参加各种活动，以保持婴幼儿愉快的情绪，促进其身心健康发展。

此外，幼儿教师还需要合理安排幼儿一日生活，将保教结合，培养幼儿良好的生活习惯和自理能力。对于婴幼儿群体，教师需要发挥主导作用，关注每一位幼儿，创建良好的班级氛围，促使幼儿健康成长。

（5）创设和利用环境的能力。婴幼儿通过与环境的互动来学习和成长，因此，良好的环境能有效地激发婴幼儿参与活动和学习的兴趣。因此，具备创设高质量环境的能力是幼儿教师专业能力的体现。创设和利用环境的能力主要包括建立良好的师幼关系，让婴幼儿感受到教师的关爱；帮助婴幼儿建立良好的同伴关系，满足婴幼儿人际交往的需求；制定健全的班级秩序与规则，营造良好的班级氛围，让幼儿感受到安全、舒适；创设有助于促进婴幼儿成长、学习和游戏的教育环境；合理利用教育资源，为婴幼儿提供或制作适合的玩具、教具和学习、游戏材料，引导和支持婴幼儿的主动活动。

（6）激励和评价婴幼儿的能力。激励和赏识是开启婴幼儿心灵之门的钥匙，可以激发他们积极的态度，对婴幼儿的自我认知、情感和社会性发展产生直接影响。教师客观公正的评价有助于婴幼儿培养良好的行为习惯和品质。教师要能及时关注婴幼儿的日常表现，发现他们的点滴进步，及时给予赏识和激励，以激发他们的积极性和自信心。并通过观察、交谈、作品分析、日常表现或与家长联系等多种方法，全面、客观地了解婴幼儿，对其进行公正的评价和科学的引导。

（7）反思与总结的能力。在保育、教育过程中，总有一些做法是值得肯定和在以后的工作中可以继续运用的，也有一些地方存在不足，需要改进的。教师通过回顾总结自己工作中的优点与不足，形成经验或教训，就是一种反思。反思能及时查漏补缺，扬长避短，有助于更好地开展今后的工作，也能迅速提升自己的专业能力。所以，对工作进行反思和总结是幼儿教师需要时刻做的事情，也是幼儿教师必备的一种能力。

3.良好的沟通能力

托育服务人才应该具备良好的沟通能力，能够与幼儿、家长、同事和社会保持良好的沟通和合作关系。要善于倾听和理解家长的需求和意见，能够与同事共同协作，共同解决问题。

沟通能力是托育服务人才不可或缺的基本技能。沟通是人与人之间通过信息交流，实现彼此理解、接纳和协调的过程。托育服务人才与幼儿的沟通包括言语和非言语两种方式。在言语沟通方面，托育服务人才需要尊重幼儿的观点，引导他们积极表达，并使用符合幼儿年龄特点的语言，以儿童的口吻进行交流。同时，要保持温和的态度，耐心倾听幼儿的发言并给予鼓励。非言语沟通则通过微笑、点头、摇头、抚摸、拥抱等肢体语言和面部表情来表达，这种方式更能体现教师对婴幼儿的尊重、关心、爱护和肯定，符合婴幼儿的心理需要。

另外，家园之间的和谐沟通是协调各种教育因素、形成教育合力的关键。教师在与家长沟通时，要以婴幼儿为中心，以促进他们的健康成长为目标。要真诚地关心和爱护婴幼儿，主动向家长介绍幼儿在园的成长情况，认真听取家长的意见和建议，并邀请家长参与课程设计、实施和评估等工作。在与家长的意见产生分歧时，教师应站在家长的角度思考问题，以平和的心态解决问题，绝不互相指责或对家长的教育方式进行批评。只有设身处地为家长着想，尽心尽力解决家长在教育子女方面遇到的困难，才能让家长感受到教师对孩子的关爱，从而调动家长主动与教师沟通的积极性，共同为孩子的进步而努力。

4.较强的情感能力和自我管理能力

托育服务人才应该具备较强的情感能力和自我管理能力，能够控制自己的情绪和行为，以积极的态度面对工作中的挑战和压力。能够理解并应对婴幼儿的各种情感需求，为其提供情感支持和引导。

5.终身学习和自我发展的意识

托育服务人才的终身学习和发展能力对于提高托育服务质量和促进幼儿发展至关重要。托育服务人才需要具备学习能力，能够不断学习和提高自己的专业知识和技能，并不断更新自己的教育理念和方法，以适应幼儿教育领域的发展和变化。

总之，托育服务人才的素养是托育服务质量的重要保障。只有具备良好人文素养和职业技能的托育服务人才，才能够为婴幼儿提供优质的托育服务，促进婴幼儿的全面发展。

三、高职院校托育专业人才培养工作的困境

为更好地提升婴幼儿托育服务专业的人才素养，2021 年 3 月，教育部将"幼儿发展与健康管理"专业更名为"婴幼儿托育服务与管理"专业（以下简称托育专业），并将专业归属调整到医药卫生大类的健康管理与促进类。由此可见，国家政策的陆续出台对托育专业人才培养与建设有着重要的指导作用。而与此同时，专业归属、专业名称的变更，在为婴幼儿托育服务与管理专业带来发展机遇的同时，也提出了重大的挑战。

作为一个更名的"新专业"，作为一个有积淀的"新专业"，婴幼儿托育服务与管理专业在人才培养方面面临着种种困境。

1. 专业标准不清晰

托育服务从业人员缺乏清晰、明确的专业标准。专业标准规定了从业人员在专业知识、职业技能、职业道德等职业素养方面的具体要求和所应达到的水平，指明了专业人才培养的方向，提供了人才培养质量评价的指标，在专业人才培养工作中具有决定性的作用。

以培养3～6岁幼儿保教人才——幼儿园教师的学前教育专业为例，为促进高素质幼儿园教师队伍的建设，教育部于2012年颁发了《幼儿园教师专业标准（试行）》，并规定了幼儿园教师必须取得职业资格证书——幼儿园教师资格证，不仅为教育主管部门、幼儿园管理部门提供了幼儿园教师准入、培训、考核的标准，也为培养幼儿园教师的幼师学院、高等幼儿师范专科学校、师范大学等的学前教育专业提供了人才培养的重要依据，确保了全国学前教育专业人才培养工作的统一化、标准化、规范化、高水平、高质量。而托育行业作为一个新兴行业，仅有两年多的发展历程，国家行政主管部门尚未颁布专门的法律法规从制度层面规定从业人员的专业标准，行业组织也未制定业内广泛认可并通用的导向性的专业规范，因此，各托育机构囿于自身资金和资源等方面的制约，通常只是根据自身需求和实际运营情况，进行员工聘用、培训、管理、考核等工作。

这就导致以市场为导向培养人才的高职院校在托育人才培养工作中缺乏具有统一规范价值的专业标准为参考，在课程体系的设置、教学内容的选取、教学资源的建设、教学活动实施等方面缺乏科学的依据与统一，使得各高职院校培养的托育服务人才在职业核心素养等方面缺乏同质性，既不利于提高学生对行业内工作岗位的广泛胜任力，也不利于发挥专业服务行业发展的作用。

2.师资力量单薄

习近平总书记曾指出，"教师是立教之本、兴教之源"，婴幼儿托育服务与管理专业的教师是促进托育专业发展、提高专业教育教学水平最关键的要素。当前，我国高职院校的专职教师通常是本科院校的硕博毕业生，他们主要教授与其本科或硕博专业相关的课程。而我国本科院校尚未开设婴幼儿托育服务与管理专业，因此，高职托育专业的师资大部分来自学前教育专业，还有一部分来自其他领域，如英语、美术和音乐等。这些教师的专业背景与托育专业的联系并不紧密，这导致了他们在托育专业方面的理论素养相对较弱。此外，由于大部分教师既无托育行业相关职业资格证书，也缺少托育行业企业一线实践经验，甚至不了解托育机构的运营模式、相关岗位的工作内容和岗位职责，导致教师专业实践技能较弱。理论素养与实践技能的欠缺，使得目前高职托育专业缺乏既能胜任理论课程教学又能驾驭实践课程教学的专任教师队伍。

另一方面，在托育专业的外聘师资方面，由于托育行业本身就处于刚刚起步发展的阶段，业内具有权威性和号召力的专家大咖相对较少，因此高职院校聘请的外教老师多为托育机构的一线工作人员。这些一线员工通常只熟悉自己所在机构的工作、规章制度和要求，对其他机构的情况并不熟悉和了解，在教学内容的普遍适用性方面存在不足。同时，他们缺乏以高职学生为教学对象的教学能力培训，在将自己的知识和技能转化为系统化的教学内容讲授方面也有所欠缺，大大影响了教学目标的实现。因此，高职院校托育专业的专兼职师资团队均存在双师素质不高的问题，这成了制约高职托育专业人才培养质量提升的一大绊脚石。

3. 教学资源不完备

教学资源有广义和狭义之分。广义的教学资源涵盖能为教学活动有效开展提供支持的一切要素，包括人、财、物、信息等一切要素。狭义的教学资源则指除了教师等服务于教育的人之外的要素。1994年，美国教育传播与技术协会（AECT）则将教学资源界定为教学材料、教学环境及教学支持系统，通俗地说，是指一切可以帮助学生达成学习目标的物化了的显性的或隐性的、可以为学生的学习服务的教学组成要素，包括教材、信息化教学资料、网络学习平台、理论教学和实践教学的设施场所等诸多要素。这里采用的就是AECT对教学资源的界定。基于这个定义，可以说，目前我国高职托育专业的教学资源建设仍存在亟须改进、完善的地方。

第一，以"托育"为关键词，在当当网、淘宝网等电商平台的网上图书商城进行搜索，发现相关图书寥寥无几，更别说活页式、数字化教材了。专业教材的匮乏使专业教学内容缺少具体的载体，不利于教学内容的呈现和组织。

第二，以"托育""0～3岁婴幼儿"为关键词，对大学慕课、智慧职教平台等在线教育资源进行搜索，会发现相关课程、资源几近于无，无法满足"互联网+"时代教学的需求。

第三，高职教育强调职业性和实践性，需要模拟职场环境的校内实训室、呈现真实职场环境的校外实训基地来满足实践教学之需。作为新兴专业，托育专业中校内实训室的建设正在逐步进行，校外实训基地也在不断开发中，实训体系尚不够完善，不能满足实践教学在数量、类型和内容等方面的需求，影响了实践教学的效果。

四、托育服务人才队伍建设存在的问题

前文我们就中职、高职院校托育专业培养中存在的问题进行了专门解析，以下就当前企业中托育服务人才队伍建设存在的问题加以解读。

1.托育服务人才供给不足

从国家 2020 年 1 月开始运行的托育机构备案信息系统来看，全国已经有 3000 多家托育机构申请备案。然而随着托育机构数量的稳步增加，托育服务人才供给却面临着较大缺口，难以满足托育机构的快速扩增需求，突出表现为人员配备不足、师幼比偏低。

2.托育服务人才资格制度尚未建立

目前我国尚未建立专门针对托育服务人才的资格准入制度和资格证书。首先，托育机构聘用人员资格证书混乱。保育员证、育婴员证、婴幼儿发展引导员证、幼儿园教师资格证等均可作为托育服务人才上岗的凭证之一。其次，现有资格证权威性不足，缺乏对口的专业资质认定。此外，部分资格证书存在报考门槛低、培训时间短、考核以理论知识为主、资格证含金量不高等问题。

目前国家颁布的政策中没有关于 0~3 岁婴幼儿教师与保教员师资的要求与标准，0~3 岁的婴幼儿处于快速成长期，自我保护性差，对专业性和科学性的托育要求较高。我国缺少发展从业人员的培训标准和内容，没有建立常态化的培训机制，师资队伍的质量难以保证，特别是中小城市和农村地区保育人员的无证上岗现象比较严重，人员素质参差不齐，虐童现象时有发生，各种教师与保育事件层出不穷；另外，大部分园区没有专业的职称评价体系和培训机制，教师发展空间受限，导致真正有能力、专业技术水平较高的幼师与保育人员积极性受挫，难以保证教师队伍的稳定，不利于婴幼儿的健康成长和教师的自身发展。

3.托育服务人才培养体系不完善

首先，专业招生难，学生转专业意向强烈，人才培养规模小，供不应求。

其次，人才培养制度不健全，目前托育服务相关的专业开设名目各不相同，如早期教育、学前教育、幼儿发展与健康管理等，这些专业在人才培养方案、专业课程设置与教材建设上缺乏国家标准规范，师资力量不足，实习实训基地匮乏，培养效果不佳。同时，不同专业、不同学历层次之间的区分度和衔接通道不畅，缺少有效的职后培训。最后，就业出口不明确，人才流失严重，职后晋升不畅。

4.托育服务人才培训制度尚未建立

首先，当前托育服务人才队伍培训缺乏相关制度设计，在培训内容、培训标准方面无章可循，培训机构的培训资质和培训质量缺乏规范管理。很多社会机构举办的师资培训时间短、理论培训不够系统和专业、实践应用要求简单。其次，托育服务人才现阶段所接受的培训主要来自机构内部自主开展的培训，培训机会、培训内容和培训过程缺乏监管，培训质量和效果无从保证。

5.培养的人才不符合用人单位实际需求

教育部明确要求，学前教育专业学生取得保育员资格之后才能进入幼儿园从事教育工作，以提升我国幼儿教育的总体水平及质量。然而，无论在人文素养方面、管理与保育能力方面，还是专业教学技能方面，一些学前教育专业学生都有所欠缺，并严重缺乏实践操作能力。比如，0～3岁的婴幼儿照护需要具备较强的喂养、照护、活动设计等相关知识。所以，现有院校的学生在毕业后进入托育机构服务，还需要企业对其进行一定时间、一定强度的培训工作，方能保证他们基本适应托育工作。由此可见，目前中职、高职院校学前教育或早期教育专业培养出来的学生并不符合用人单位的实际需求，无法达到"零距离"就业的目标，因此，从市场需求出发，结合高职院校托育专业人才培养现状，明确人才培养规格是满足托育机构人才需要的重要途径。

6.托育服务人才地位待遇缺乏保障

首先，托育服务人员工资待遇与劳动付出不成正比，调查显示，67.99%

的托育服务人员工作时间超过 8 小时，但工资水平普遍较低。其次，社会保障严重不足，足额足项享受"五险一金"的人员比例较低。再次，由于缺乏职称评定机会，晋升道路不畅，托育服务职业吸引力不足，人才流动性较高。

第二节 国外职业教育人才培养模式的比较分析

西方发达国家职业教育起步早，历史悠久，在理论层面沉淀了较成熟的人才培养理念，实践层面经验丰富。鉴于此，本节通过对国外职业教育中较典型的德国"双元制"、美国"合作教育"、英国的"BTEC"、澳大利亚"TAFE"、法国"学徒培训中心"等多种人才培养模式进行对比分析，以便厘清职业教育人才培养模式的发展脉络，吸收和借鉴各种模式的优势，为新时代背景下托育服务人才培养模式的构建和创新提供借鉴。

一、德国"双元制"人才培养模式

德国的"双元制"是职业教育人才培养模式的典型代表，是德国职业教育的支柱和核心。它是一种教育制度，更是一种重能力、重实践的职业教育思想。

"双元制"人才培养模式是由企业和学校共同担负培养人才的任务，按照企业对人才的要求组织教学，在企业接受职业技能培训，在职业学校接受专业理论和普通文化知识的教育形式。"双元制"职业教育强调教育机构和企业联合办学，企业和学校、企业培训人员和教师共同培养学生，旨在最大限度地利用学校和企业的条件和优势，理论学习和实践操作相结合，培养既掌握专业理论知识，又具备利用所学的专业技术技能解决职业实际问题能力的高素质人才。

（一）"双元制"人才培养模式的内涵

1.教学内容和教材的双元性

德国"双元制"旨在为企业培养技能型人才，同时也为普通高等院校输送合格人才。企业主要负责传授职业技能和与之相关的专业知识和职业经验，而职业学校则除了传授职业理论知识外，还涵盖了语文、数学、外语等普通文化知识。在教学过程中，所使用的教材包括按照职业领域要求分类编写的实训教材，以及针对培训职业的技能要求编写的理论教材。

2.教师的双元性和学生身份的双元性

在"双元制"人才培养模式中，师资队伍也呈现出双元性。即理论教师和实训教师两个不同的职业角色。实训教师由企业内的雇员担任，他们拥有丰富的职业实践经验，并接受过教育学和心理学方面的专门培训。而理论教师则包括专业理论教师和普通文化课教师，他们通常是国家公务员，经过了大学教育、师范学习以及实习期后的资格认定。学生的身份也有两个，即企业学徒和职校学生。

3.培养过程实施标准的双元性

企业遵循联邦职教所制定的培训条例进行培训，而职业学校则遵循所在州文教部颁布的教学计划组织教学。

4.考核的双元性

学生必须通过两类考试，即企业的技能考试和职校的理论考试。技能考试主要侧重于考核学生对所学技能和专业知识的掌握程度，内容由所在企业的培训内容确定，由行业协会负责实施。职校的理论考试则是资格考试，由学校组织实施，包括笔试和口试，其主要目的是考核学生对专业理论知识的掌握程度。

5.证书的双元性

技能证书、培训证书和毕业证书是学生毕业后可能获得的不同类型的证书。技能证书由行业协会颁发，国内外通用，可为学生提供相应职业的认证。

培训证书和毕业证书是依据学生在企业的表现情况，由培训企业和职业学校颁发的与培训和学习地点有关的学历证书。

6.教育经费的双元性

企业通常承担学生培训的全部费用，包括培训设施的投资、学徒工在培训期间的津贴以及实训教师的工资等。而职校的经费主要来源于州政府的公共财政预算，包括教职工的工资、养老金等，地方政府则负责校舍及设备的建筑与维修费用，以及管理人员的工资等。

7.管理体制的双元性

管理体制上实行联邦政府和各州共同负责，企业培训受1969年颁布的《职业教育法》约束，由联邦政府主管；职业学校则遵循《职业义务教育法》或《学习法》，由各州管理负责。

可见，德国的"双元制"职业教育在整体培养目标上是合二为一的，但在具体教学过程中又是一分为二的，表现出明显的双元属性的特征。双元制作就是最大限度地利用各自的条件和优势，既要让学生在实训的氛围中获取有价值的实践经验，学会各种职业与社会的能力，又能通过在学校系统的专业知识学习，打下坚实的理论基础，培养敏捷的思维能力与掌握科学的方法，从而很快适应毕业后的工作。

（二）"双元制"人才培养模式的特征

1.注重实践、突出技能培训

德国的"双元制"教学模式在实践技能的学习方面有其独特之处，这主要体现在理论教育与实践训练的时间分配以及教学与培训的运行机制上。在培训过程中，理论课程与实践课程的比例大致为3∶7，强调理论教育的实用性，确保与实际操作密切相关，以满足企业实际需求。学生在培训期间的大部分时间都会亲自参与企业内的实践操作技能培训，这种培训往往以生产性劳动的方式展开。

根据相关法律法规，培训任务由学校和企业共同承担，但企业在培训中起到主导作用。企业可以根据劳动力市场的需求以及企业对劳动者专业技能的要求，自主开展有针对性的教育。实践培训通常在企业的生产一线进行，学徒将了解未来职业岗位所需的知识、技能和素质，并熟悉生产线流程。基于这一背景，学徒可以根据自身情况选择适合自己的培训课程。培训学员通常在实践课教师的指导下，以小组形式在各种设备上进行实际操作。在生产线上的操作者每周一天半上课，另外三天半时间在培训中心进行技能培训。经过三年时间的双元制培训，其间要经过 30 多项专业技能考核，学生只有全部合格才允许进入正式生产线上操作。

2.以企业为核心，以企业实际培训为主

在"双元制"培训体系中，企业扮演多重角色，既是职业培训的参与者，也是指导者和支持者。企业之所以如此积极地融入职业教育，是因为它们认识到正规而严格的职业培训不仅可以为企业创造价值，更重要的是，由企业培训的技术人员对于维持和提升企业的生产水平和竞争力具有至关重要的作用。许多企业都设立了独立于生产过程之外的专门培训设施和培训车间，这些场所配备精良的设备和实训原材料。即使是那些无法提供全面多样化职业培训的中小企业，也可以通过跨企业的培训、学校工厂的补充培训，或者将培训任务外包给其他企业来积极参与职业教育。企业的积极参与确保了职业教育所需的岗位培训、培训设施、设备、师资力量以及财政资源等各个方面的妥善满足。这种紧密的合作和互动使培养目标更贴近企业需求，学生能够真实地融入生产环境，提前接触未来工作中的新技术和新工艺，以满足相应岗位的要求。

3.坚持以市场和社会需求为导向

在"双元制"职业教育体系中，职业培训的实施和管理受到特定时期的经济结构、市场需求以及行业企业的市场战略的影响。在这一模式下，产业需求起到了主导作用，培训会根据实际需求来制定，企业会提出培训需求并提供实践环境，而学校的理论教学也直接服务于企业需求。因此，培训内容和形式都高度契合市场和企业的需求。

此外，德国十分注重职业咨询和指导。一方面，职业资格的预测和标准的制定是受到重视的，代表性的企业会提供有关职业资格标准和课程开发的及时信息和数据。另一方面，通过职业信息中心，为年轻人提供免费的职业指导和咨询，以确保他们了解劳动力市场和培训市场的情况。

教育质量在德国受到法律规定和社会机构的监督和评估。政府在宏观层面起着协调和调控的作用，以确保学校、企业和市场之间的协调，更好地适应劳动力市场的需求，解决学生的就业问题，从而保持培训结构和就业结构的平衡。这也是"双元制"职业教育吸引力的重要基础。

4.重视职业教育的师资队伍建设

德国职业学校的教师分为实训教师和理论教师两类，各自担负不同的教学任务。实训教师主要负责在企业进行实践培训，传授学徒实际职业知识和技能，他们既需具备广泛的理论知识，以便向学生讲解和解答问题，又需要具备卓越的实际操作技能，可以指导和示范学生的操作，此外，他们还传授来自实际生产领域的组织和物流管理等方面的经验。在某些州，专职教师规定在教育职业学校任教 4 年后，需要脱产半年去相关行业的企业进行进修，从事应用研究，以了解最新技术成果、更新知识结构，以适应新技术的发展和新产品的需求。

理论教师则负责学校内的理论教学，教授专业理论知识和一般文化知识。担任这一职位的教师在上讲台之前，必须通过两轮国家考试，受到教育学院院长和职业学校校长的考核，他们还需要在大学期间至少进行为期12个月的与其专业相关的企业实习。两年试用期考核合格后，他们才能享受社会保险并接受国家的财政支持，享受相应的薪资待遇。这一体系确保了教师具备高水平的教育和实践背景，以便为学生提供优质的教育。

总之，"双元制"教育中，不论是职校的理论教师还是企业实训教师，都要求成为职业教育中的精兵强将，为培养高素质劳动者创造良好的师资条件。

5.注重职教立法，用法律来保证职业教育与培训合理有效的实施

德国的职业教育体系在多个方面都设有明确的规定和法律支持，确保了

其有序运行。企业方面，其运作依赖于《职业教育法》和相关《培训规章》，而职业学校则需要遵循《职业教育法》以及相关法规。《职业教育法》详细规定了多个方面的内容，包括教师的前期培训和继续教育、企业与学生之间的关系、双方的权利和责任、培训中心的资格标准、培训实施规则的监管和考核、职业教育的组织和管理以及职业教育的理论和实践研究等。

此外，德国还设立了一套包括立法监督、司法监督和行政监督在内的职业教育实施监督系统，使职业教育真正构建了一个完整的有法可依、有法必依、违法必究的法律法规体系，这一完整的体系保障了职业教育健康有序的发展。

二、美国的"合作教育"

美国的"合作教育"始于 1906 年，由施奈德教授提出，最初在辛辛那提大学的工程系实施。最初的计划吸引了 27 名工程专业的学生，这些学生被分成两组，一组在校内进行理论学习，另一组在当地工厂工作。一周后，两组学生交换角色，不断轮换以实现"学工交替"。到了 1960 年，合作教育模式发生了两个主要变化。一是出现了合作教育的平行计划模式，这种模式可描述为"半天交替制"，学生通常在上午上课，然后在下午和晚上进行兼职工作，每周的工作时间为 15 至 25 小时。这种安排对于那些年龄较大或有特殊需求的学生来说尤为重要。二是合作教育经历计入学分，这产生了三个主要影响：首先，进一步将工作经验与理论学习相结合；其次，要求学生在工作期间住在学校，正常支付合作教育费用；最后，教师需要深入了解和评估学生的工作经验，以决定授予学生学分多少。这些变化使合作教育模式更加成熟和多元化。

（一）美国"合作教育"的含义

美国国家合作教育委员会对合作教育的基本界定是："合作教育是把课

堂学习与相关领域中生产性的工作经验学习结合起来的一种结构性教育策略，学生工作的领域是与其学业或职业目标相关的。合作教育通过把理论与实践结合起来提供渐进的经验。合作教育是学生、教育机构和雇主间的一种伙伴关系，参与的各方有自己特定的责任。"

美国合作教育模式是一种由学校主导、企业支持的教育融合机制。这种教育模式的特点是利用学校和企业两种不同的教育环境与教育资源，培养出适应企业需求的应用型人才。学生将课堂学习与工作学习相结合，将理论应用于实际，将工作中遇到的挑战和见解带回学校，促进学校的教与学。美国职业教育的主体是社区学院。合作教育贯穿于社区大学办学的全过程。实践证明，合作教育符合社会发展的要求，贴近群众的需要。它是一种学生、学校、企业三方合作、三方受益的教育模式。

（二）美国"合作教育"的特点

美国的"合作教育"模式主要有以下五个特点。

第一，工作训练融入学校教育。工作训练成为学校教学活动的关键组成部分。为确保学生获得足够的工作经验，美国规定，三年制学生的工作时间不得少于 12 个月，而四年制学生的工作时间应不少于 18 个月。轮换的"工"和"读"学期的时长要基本相等，确保学生在工作期间积累足够的经验。

第二，学习和工作的一致性。学生的工作与其学术目标密切相关，工作期间逐渐承担更多责任，以确保学习与工作保持一致。学生的日常管理和绩效评估由企业进行，确保工作和评价有机结合。学生在学期内的工作也获得学分，成为其获得学位的必备条件。

第三，实际操作的机会。学生有机会能亲自动手操作，与以往学校安排学生到企业实习，只能旁观而不能亲自操作的方式有所不同。

第四，政府支持企业参与。政府鼓励并强化企业在职业技术教育中的作用。例如，英国设立了 80 多个"培训和企业协会"，专门协调学校和企业之间的关系，以促进企业参与地方的职业教育。

第五，学校适应企业需求。学校积极适应企业的需求，在为学生安排工作时，尽量满足企业的要求，使企业的参与成为培训员工和招聘新员工的人力资源战略的一部分。

三、英国的 BTEC 人才培养模式

（一）BTEC 人才培养模式简介

BTEC，即英国商业与技术教育委员会（the Business & Technology Education Council），成立于 1986 年，由商业教育委员会和技术教育委员会合并而成，是英国有名的职业资格开发和颁证机构，致力于提供在中等、高等职业教育和人才培训领域的世界领先课程和资格认证。目前，BTEC 课程在全球 100 多个国家的 57000 所教育机构开设，毕业生可获得高级文凭级别的职业资格证书，被称为"英国国家高等教育文凭"，它等同于英国大学前两年的学习，具备相应专业的英国国家职业资格四级水平。这也意味着学习 BTEC 的全日制大学生能够获得与传统学位课程学生相同的支持。

BTEC 还具有学习时间短、费用低的优势，因此吸引了一部分家庭经济条件有限的学生。毕业后，学生可以选择继续攻读本科学位或直接就业，无需参加岗前职业资格培训考试。

（二）BTEC 人才培养模式的内涵

BTEC 人才培养模式从职业岗位的需要出发，以行业和产业为依托，打破了传统注重学科系统性和整体性的教学模式，体现了职业能力的要求，既提高了劳动者的素质，又提高了企业竞争力。BTEC 的教学目标主要是使学生获得一种有利于他们职业发展的教育，在最大限度上提高他们的职业技能。其内涵如下。

1.以通用能力和专业能力的结合作为人才培养的目标

即通过开展多种教学活动，学生能够掌握各种职业所需的技能，包括但不限于跨学科技能、适应性技能、终身学习能力、独立自主的能力，以及自我管理、协作、人际交往、问题解决、数字和科技应用、设计和创新等方面的能力。BTEC的核心目标是提供学生具有职业发展潜力的教育，以最大程度地提高他们的职业技能水平。这样，BTEC的毕业生不仅能够为企业提供有力的人力资源保障，还有机会继续深造，追求更高层次的教育和职业发展。

2."以学生为中心"的教育理念

即鼓励学生展现个性和追求学术创新，强调个性化的自由发展。这一理念已经被广泛接受和认可。在这一理念的指导下，考核和认证机构的教育目标是"面向实际应用，培养学生的职业能力"，注重强调学生学到的内容与未来工作的关联性。教学活动由一线教师设计，强调学生的主动参与性，确保学生成为学习的主体。

3.课程标准要求适用于世界各国，课程设置灵活

这种课程模式注重基础教育与能力培养的有机结合，认为"一般素质为迁移或养成特殊素质提供了基础"。BTEC课程以单元为构建模块，多个单元构成一个专业领域，其中包括必修和选修单元，满足了统一要求的同时，也为学生提供了更大的选择自由。学生可以选择连续修习所需的所有单元，也可以分阶段修习，累积学分以满足要求。他们可以选择以职业发展为目标的课程，也可以专攻特定学术领域，为未来深造奠定坚实基础。

4.严格高效的质量评估和审核制度

BTEC不侧重最终期末考试成绩，而是主要关注日常课业表现，通过全面的课业考核来评估学生是否具备所需的专业能力和通用能力。为确保评估准确性，教师需要明确的等级评判标准，记录学生成绩，以此来评定他们的绩效。

BTEC注重高水平的师资力量，教育模式侧重学生自主学习和研究，教师在其中发挥着管理、指导、服务和组织的关键作用。教师需拥有广泛的知识

基础，深厚的心理学知识，熟悉相关信息渠道，以便解答学生在新技术和新管理领域的问题。此外，他们需要具备丰富的教学和实际工作经验，并持续学习和进修，以不断提升自身素质和自我发展，从而为学生提供高质量的专业教育师资团队。

（三）BTEC 模式的特色

英国 BTEC 人才培养模式是以国家职业标准为导向、以实际课业表现为考核依据、以证书质量管理为重点的培训体系，该模式的特色和优势主要表现在以下几个方面。

1.以能力为基础，突出职业导向

BTEC 课程以企业界制定的岗位能力水平作为标准，根据社会发展以及市场对人才的需求，以企业职业岗位所需的知识及能力为依据，设计核心课程，强调通用能力的培养，要求学生掌握专门知识、技能和良好的英语能力，以能快速适应现代工作岗位的需要。

2."以学生为中心"的教育理念具有可操作性

BTEC 教学过程关注学生的需求，以学生为中心，培养学生独立学习、思考、解决问题的能力，教师以启发、引导、服务和管理为主。教学活动的各个环节的设计要保证能够为学生提供各种参与教学过程的机会，教学方法上强调要发挥学生的主观能动性，调动学生的积极性，注重师生互动以及学生间的团队合作，突出以"学生为中心"的教育理念。

3.评价方式和考核方法科学

BTEC 的教学评价是一个连续不断的过程，以考核学生的日常课业表现为主，而不仅仅是最终期末考试的结果。BTEC 评价标准客观、准确和公正，每次评价都需要教师制定明确的课业评价标准并记录课业成绩，以确保学生成绩的可靠性。这些标准是相对的，为学生提供了发展和进步的空间，以鼓励他们不断努力。BTEC 的职业资格考核主要依据个体是否具备胜任实际工作所需的能力，而非仅仅依赖学历和证书。这种考核方式以实际职业需求为标准，有效地评估学生的实际工作和问题解决能力，提供了新的人才培训和评价途径。

综上所述，BTEC 人才培养模式秉承"以学生为中心"的教育理念，强调培养学生通用能力和专业能力的结合，并注重培训结果。

四、澳大利亚的"TAFE"人才培养模式

（一）澳大利亚"TAFE"模式的内涵

"TAFE"（技术与继续教育）是一种职业教育体系，起源于 20 世纪 70 年代初的澳大利亚。这一体系由政府主导，与企业和行业紧密合作，设立了一套统一的教育培训标准，专注于职业教育培训，致力于提供职业资格准入、职业资格与职业教育相结合、注重终身教育和培训，强调"能力本位"的职业教育模式。与传统大学一样，"TAFE"体系是澳大利亚高等教育体系的一部分，且具有重要地位。其主要目标是培养高度专业化的人才，课程注重专业性和实际应用，将教学内容与工作实践有机结合。此外，除了颁发证书和文凭外，"TAFE"还提供与大学相关的衔接课程，为学生继续攻读学士学位甚至更高学位提供了便捷途径。因此，"TAFE"在澳大利亚备受欢迎，被视为未来职业发展的趋势之一，持有"TAFE"文凭的毕业生可以直接进入各个行业展现自己的才能。经过近 50 年的研究、实践和发展，"TAFE"体系日臻完善，目前已建立了一整套统一的技能认证体系，包括澳大利亚资格认证框架（AQF）、培训包（TP）和澳大利亚质量培训框架（AQTF）等组成部分。

1.AQF

AQF 是澳大利亚资格认证框架（Australia qualification framework）的缩写，共分 12 个等级，涵盖初等与中等教育、职业教育与培训以及高等教育（大学）等领域。该框架规定了各级别之间的衔接和贯通标准，确保各种证书、文凭和学位之间的相互认可。尤其值得一提的是，职业技术教育的四级证书、文

凭和高级文凭也获得了高等教育的认可。对于那些在 TAFE 学院获得资格证书的毕业生，如果他们希望进一步攻读大学学位，可以得到相应的学分豁免，也就是说，他们可以将之前在 TAFE 学院获得的学分折算成相当于大学一年至一年半课程的学分。这为学生提供了更灵活的教育路径，帮助他们更顺利地进入高等教育领域。

2.TP

TP（training package&mutual recognized endorsed courses 的简写）指的是培训包，由行业培训顾问委员会（ITAB）制定，经澳大利亚国家培训局批准后，行业培训顾问委员会向全国发布一致的培训计划，明确定义行业内的资格体系和具体的技能标准。培训包通常包括两部分内容：一是国家认证部分，主要包括能力标准、资格证书和评估指南。二是非国家认证部分，包括学习方法指导、评估材料和专业发展资源。培训包是澳大利亚国家职业技术教育培训体系的重要官方文件，也是 TAFE 学院开展职业教育和培训的"指南"，以确保不同地区和机构间提供的培训是一致的，从而有助于维护教育质量。

3.AQTF

AQTF 指的是澳大利亚质量培训框架，是由澳大利亚国家培训局（ANTA）下设的国家培训质量委员会（NTQC）组织制定的一套全国标准。它与澳大利亚各州和领地的职业教育与培训管理机构以及相关行业紧密合作，根据社会发展和行业需求，国家对该框架定期加以修改和调整。AQTF 的目标是为 VET（职业教育与培训）系统提供全国统一的高质量基本标准，以确保所有已注册的培训组织（RTO）及其所颁发的资格证书得到全国的承认。AQTF 主要包括注册培训机构的标准以及国家和地区注册及课程认证机构的标准。这两个标准又分别由若干个标准文件组成，从不同角度对 RTO 的资格标准、自我评估、课程开发、审核方法和要求等做出详细的规定，以确保培训质量。

（二）澳大利亚"TAFE"模式的特点

澳大利亚"TAFE"模式具有以下几个明显的特点和优势。

1.政府牵头建立全国统一的资格标准体系

从职业技术教育的初建阶段开始，澳洲联邦政府及各州就一直致力于扮演一个政策协调和通过采用财政拨款等非强制性的行政手段来保障培训质量的角色，建立全国统一的资格标准体系，参与 TAFE 学院的布局设置、资金划拨以及培训实施等方面的管理；建立相应的部门和机构加强职业教育和行业之间的紧密联系，等等，有力地推动和保障了职业教育的良性发展。

2.办学方式灵活多样

（1）学制和学习对象方面：学院的教育体制破除了年龄的限制，创立了"学习—工作—再学习—再工作"的多循环终身教育模式。澳大利亚的 TAFE 课程是灵活的，不设定学习时间和入学对象的硬性规定。学制灵活，可以在三个月到两年之间，根据具体培训需求来确定，只需满足相应的学分和职业技能要求。同时，入学对象没有年龄限制或严格的入学考试要求，只需完成 12 年的基础教育就可入学。此外，学生可以自由选择学习时间，可以全日制学习，也可以兼职学习，老师和学生可以根据时间表自由安排课程。有工作的学生可以选择分离培训、在职培训（将学习与工作结合），或者两者兼而有之，以适应个人的时间安排和需求。

（2）课程设置和教学方式方面：TAFE 提供了广泛的课程选择，以满足不同年龄和不同行业的需求，为社会和行业改革提供所需的知识和技能。课程设置既有分阶段课程，又有连续课程，学生可根据自己的时间和需求选择合适的课程。此外，TAFE 还提供了学分减免、课程转换和与大学学位的衔接等选项，为学生提供证书、文凭、行业技能培训等多功能教育培训平台，促进其终身学习。TAFE 的教学内容通常以培训包为标准，一般没有统一的教材，由各学校和任课教师自主选择教学内容，多以讲义和辅助资料为主，这也要求老师在授课的过程中与实际需求紧密结合。TAFE 采用多种灵活的教学方法，包括传统教室授课、工作场所培训、模拟工作场所培训和在线学习。由于班级规模相对较小，通常为 20 人左右，学生有更多的机会参与讨论和互动。教师的教学方法灵活，但都以学生为中心，强调实践经验和职业技能的培养。

（3）考核方式方面：TAFE 采用多种考核方式，侧重实践能力的评估，对理论考核要求较宽松。每个培训包课程都设有最低的能力考核标准，教师在建议的 12 种标准测试方法中至少选择两种方式进行考核。这 12 种考核方法包括观测、口试、角色扮演/模拟操作、第三者评价、证明书、面谈、自评、案例分析、工件制作、书面测试、录像和其他方法。评价体系强调过程考核和结果考核的综合，但更加注重过程考核。教师在课程开始前应明确告知学生有关课程评估方法和具体时间安排。每门课程至少采用两种评估方法，以全面覆盖课程内容。每个要素必须至少经过两次评估，确保对课程的关键内容进行全面、客观的考查。这种方法强调学生的日常学习和数据积累，重视实践能力的培养。因此，学员需要从一开始就认真准备材料，并在学习过程中注重培养和提高自己的实践能力。这样综合运用多种评估方法能更有效地培养学生的能力，确保考核结果更准确地反映学生的实际能力。

3.以行业为主导，产学研一体化

强调与行业的紧密联系，充分发挥行业的主导作用，是澳大利亚职业教育的另一大特色。具体表现如下。

（1）主导有关宏观决策。TAFE 的宏观决策主要由国家和各州的管理机构领导，这些机构通常由来自行业界的代表组成，代表行业的需求。例如，澳大利亚国家培训局（ANTA）负责管理澳大利亚联邦政府的 TAFE，其成员包括政府、工业界和教育界的代表，其中大多数来自澳大利亚的主要产业部门。而联邦和各州 TAFE 的行业和培训咨询委员会以及州 TAFE 服务部门也由行业专业人士组成。这些机构在涉及就业市场适应、满足企业需求、争取经费等 TAFE 发展的重要问题上发挥了关键的决策作用，充分体现了行业的主导地位。

（2）参与办学的全过程。行业在 TAFE 学院的运营中扮演着重要角色，参与整个办学过程：一是协助制定学校的运营规范，确保学校的管理遵循标准操作程序；二是行业代表直接参与学校管理，为学校提供了行业视角和经验，有助于更好地满足职业教育的需求；三是积极支持拓展高校师资队伍和改善培训设施，为 TAFE 教育提供了必要的支持和动力。

（3）负责教学质量的监督和评估。通过定期评估学校的绩效以及调查用人单位对教育和培训的满意度来保证教学质量。这种合作方式在许多企业中取得了成功，例如，在 1999 年至 2000 年间对 6000 家公司的雇主进行的调查中，83%的雇主表示对 TAFE 的满意，74%的雇主认为培训的价值已经在员工素质和生产力提高方面体现出来。

（4）政府立法规定企业用于员工培训的资金。政府通过立法规定企业必须将工资总额的 2%用于员工职业培训，而在实际操作中，大多数企业都已经远远超过了这个比例。这种培训通常由企业首先提出员工培训的需求和目标，然后进行招标。TAFE 学院派遣教育专家与企业内的专职培训老师一起制定培训项目计划，包括课程设置、课时安排、教材选择、考核与评估、时间、场地和费用等。经过公司认可后，TAFE 学院按照计划进行培训。各州还设有行业培训委员会作为培训机构顾问，起到桥梁和纽带的作用，将行业需求与国家培训局、各州教育培训部以及 TAFE 学院联系起来。

在这种模式下，TAFE 学院与企业之间相互依赖、相互支持、共同发展。一方面，行业根据用人单位的特殊培训需求将培训任务分配给 TAFE 学院。另一方面，TAFE 学院也需要依靠企业，为企业提供服务并满足其培训需求。

五、法国的"学徒培训中心"模式

（一）法国"学徒培训中心"模式的内涵

法国的"学徒培训中心"模式是法国典型的人才培养方式，在企业培训和学校教育之间实现了有机结合。学徒培训中心由地方政府、行业协会和企业共同主办，提供一种半工半读、工学交替的职业教育。

"学徒制"涵盖中等教育和高等教育两个层次，包括各种国家职业资格证书和文凭。它跨足多个领域，如工商业、农业和渔业、手工业、服务业以及其他私人和公共服务领域。学徒既是学生又是员工，可以从企业获得补贴，补贴金额一般在最低工资的 25%到 80%之间。政府通过学徒培训税、财政拨款等方式来支持学徒培训。法国的学徒培训采用半工半读的方式，学徒必须在企业工作，接受实际培训，并在导师的指导下学习。他们还需要参加学徒培训中心的理论知识课程。从受教育水平看，接受中等职业教育的学徒占学徒总数的 70%，接受高等职业教育的学徒占学徒总数的 30%。企业会支付学徒工资，并与他们签订培训合同。实际培训在企业进行，由企业的导师负责指导。学徒培训中心主要开设技术理论课程和文化通识课程。国家立法规定企业要履行职业教育义务，并对参加学徒培训的企业给予补贴。

（二）法国"学徒培训中心"模式的特点

1.多层次培养学徒

根据法国国家职业资格认证委员会的划分，法国的学徒培训可以分为五个不同层次：五级对应初中毕业两年后获得职业能力证书（CAP）的水平。四级相当于职业高中层次的教育。三级相当于高职（两年制专科）水平的教育。二级相当于本科（高中毕业后三年）的水平。一级相当于硕士学位（高中毕业后 5 年）的水平。此外，学徒制度还提供预科班，通常设在初中或高中。学生在参加学徒培训之前，可以选择参加预科班。

2.教育部与地方联合监管

学徒培训中心是学徒学习理论知识的主要机构，提供应用型综合类和技术类教育。学徒培训中心的教学监督主要由教育部负责，财政和技术监督主要由地方（地区）负责。法国近一半的学徒培训中心为私立机构（49.9%），工商会或行业协会机构占 20%以上。学徒培训中心可由各工商会、行业协会、教育机构或企业与地区理事会签订协议而成立，协议有效期为 5 年，可延续。学徒培训中心的资质每年必须重新申请认定。每年各主要地区有关部门对本地区内所有学徒培训中心进行审核，并公布该年通过认证的学徒培训中心的名单。除学徒培训中心外，有些高中或大学还设有学徒班。

3.涉及专业范围广

法国学徒制覆盖的专业领域主要集中在生产制造行业（包括土木工程、建筑与木工等）和服务业。在中等职业教育中，学徒的专业占生产制造业的比例较多（约占总数的 68%）；而在高等职业教育中，学徒专业的设置更加偏向服务业（占比 58.8%），尤其是交流与管理领域。

4.政府立法提供财政支持

法国学徒培训中心的资金主要来自国家或地区补贴、管理机构投入和学徒培训税。2013 年，法国政府将学徒培训税和学徒发展税合并为学徒培训税。2014 年 3 月，法国政府颁布了《职业教育、就业和社会民主法》，改革了学徒教育，特别是学徒财政制度体系，加强了大区议会在学徒教育中的作用，促进了学徒教育的质与量同步发展。2014 年 8 月，法国政府在年度《金融法修正案》中全面实施学徒税的重大改革。从 2015 年开始，法国开始征收两种与学徒相关的税收：一种是学徒培训税，另一种是学徒培训附加税（CSA）。

六、对我国托育服务人才培养的启示

经过对比分析，并结合我国实际情况，应从以下方面创新托育专业人才的培养模式，提升高职院校托育专业人才培养的成效。

通过对以上国外职业教育模式的研究分析，再结合我国实际情况 我国托育服务人才培养模式的创新应从以下几点着手。

一是政府承担主体责任，建立健全托育服务体系：政府应该承担发展托育服务的主体责任，建立健全托育服务体系，制定相关法律法规和政策，加强对托育服务的顶层设计、财政投入和统筹管理。同时，推行"托幼一体化"服务，完善部门间协调合作机制。

二是激发市场活力，支持普惠托育服务的有效供给：借鉴国外托育服务供给经验，我国需要强化托育服务的监督管理，规避市场失灵风险。同时，建立健全政府主导、社会参与、公办民办并举的供给机制，支持企业和社会组织参与托育服务发展，多方主体合力扩大资源供给。此外，优化已有的资源结构，在托育资源密集地区，可通过资源整合减少托育资源的浪费，而在托育资源供给不足的地区，可通过利用幼儿园资源增加托育资源供给。

三是强化实践教学和技能培养：托育服务需要具备专业的护理和照料技能，因此需要加强对相关专业学生的实践教学和技能培养。学校可以通过与托育机构合作，为学生提供实习和实践机会，提高他们的实际操作能力。

四是注重学生全面发展和综合素质培养：除了专业技能的培养，还需要注重学生的全面发展和综合素质培养。例如，培养学生的沟通能力、团队协作能力、自我管理能力等。

五是创新教学方式和方法：针对托育服务的专业特点，需要创新教学方式和方法，采用更加灵活、多样化的教学方式和方法，如情景模拟、案例分析、小组讨论等，并充分利用好微博、微信、短视频、直播等授课方式，大大新媒体以激发学生的学习兴趣和积极性，提高教学效果和质量。

总之，国外职业教育模式对我国的托育服务人才培养具有一定的启示作用。我们需要结合自身实际情况，积极探索和创新，不断提高我国托育服务人才培养的质量和水平。

第三节　托育师资人才培养模式探索

人才培养是一个系统工程，是对个体的身心、观念、品格、知识与能力等方面的全面提升。由于人才培养模式直接指向人才素质的养成问题，而人才的素质养成过程是一个长期甚至终身的过程，因而，本书中提到的"人才培养"，特指通过对中职、高职院校学生或有意愿从事托育服务事业的个体进行系统培养，使之成为专业化、高素质人才的过程，需经历职前、入职及职后一体化的系统培养。为此，本书所提到的托育服务人才培养模式包括托育服务人才的职前培养模式、入职教育模式及在职（职后）培训模式三个方面。其中，托育服务人才职前培养模式，是指中职、高职院校或综合性大学的教育学院（或职业教育学院）系统培养师范生或有意愿从事托育服务职业的个体的模式，本书中专指高职院校或综合性大学的教育学院（或职业教育学院）培养师范生的模式；托育服务人才入职教育模式是指托育服务人才自大学或职教学院毕业至正式走上托育工作岗位之前的培训模式；托育服务人才职后（在职）培训模式是对已经在岗在职托育服务人员的再教育模式，即对正式走上托育服务工作岗位之后的人员所进行的各类校内校外、线上线下的继续教育模式。

一、构建"保教一体化"师资培养体系

"保教一体化"是以"科学保教"为基础，以儿童整体健康发展为目标，将学前教育机构（含托育机构）与家庭、社区进行连结，为0～6岁儿童提供"保育"和"教育"一体化的服务。托育体现的是"养与育"的结合，以及对0～3岁婴幼儿专业看护、饮食营养、疾病防控、行为矫正等问题的重视。将早教、托育和幼儿园教育有机衔接起来是时代发展的趋势。

"保教一体化"的目标是运用学前教育机构"保育"和"教育"的功能，实现婴幼儿时期保育和教育的统一，让0～6岁的儿童能够得到良好的、科学的成长环境。它以儿童为中心，追求生活和教育的统一，保障学前教育中"保"与"教"的平等，为儿童提供完整的可持续发展的教育。

1.培养全方位发展的多元化人才

在制定人才培养目标这一方面，学校必须根据学前教育的实际发展状况以及教育改革的趋向，制定明确的人才培养目标，确定多元化的人才培养方向，培养全方位发展的多元化人才，需要对人才培养规格、知识结构、能力结构、素质结构方面提出明确的要求，如热爱教育事业、具有良好的社会公德和教师职业道德，具有从事幼儿保教工作的技能和初步的幼儿教育科研与管理能力，掌握学前教育学、学前心理学及幼儿课程的设计与实施等基本理

论和基本知识，具备基础能力、专业基本技能和专业能力，具有良好的文化修养和身体素质、心理素质等。

2.加强职业道德教育

随着社会的不断发展，幼儿园、托幼机构等对幼儿教师人品的要求越来越高。一名幼儿教师不仅要有好的工作能力和专业知识，还要具备较强的职业素质，才能尊重幼儿、爱护幼儿，发现幼儿各方面的学习潜能，尊重幼儿身体和性格上的差异，更好地做好保育教育工作。因此，需建立专门的部门来负责开展职业道德教育，并制定较为科学的教育措施以及相应的规章制度。托育专业的教师应该拥有较高的道德素养及较强的业务素质，要注意更新自身的教育理念，重视对学生的职业道德教育，努力培养具有高尚师德师风的专业人才。要不断创新职业道德教育教学方式，让职业道德教育具有更强的实效性。

3.整合资源配置，深化产教融合

高质量教学资源的开发、建设以及有效利用，对推动高职托育专业的教学改革、提升教学质量具有重大意义。当前，托育专业教学资源的建设需求迫切，主要涉及以下四个方面。

第一，重视教材建设。高职院校应组织专兼职教师团队，发挥专任教师的科研优势和企业教师的实践经验，共同编写教材。编写过程中，要充分吸收托育行业的新发展、新知识、新成果，围绕托育师资的主要岗位需求和核心技能，编写活页式、工作手册式、数字化教材。同时，要根据教学需要和反馈，持续更新和完善教材。

第二，积极开展在线资源建设。随着信息技术与教育的深度融合，教与学的模式正在发生深刻变化。高职院校应与企业合作，打造校企资源共享、内容持续更新、形式丰富的资源共享平台。同时，可以与卫健委、人社部等下属的职业技能培训部门合作，将平台资源用于面向社会的托育人才培训，以发挥专业的社会服务功能。

第三，深入推进校企共建实训基地。校内外实训基地在托育专业人才培养中具有重要作用，但建设和完善需要大量的资金成本、人力成本和时间成本。为提高人才培养效率，高职院校可以与区域内开设托育课程的同类院校、托育机构共建共享校内外实训基地，进行差异化和互补式建设。在校内实训基地方面，高职院校应参考国内标杆院校的建设标准；在校外实训基地方面，可以与同类院校、知名托育机构合作，扩大实训基地数量，丰富实训基地类型，以满足学生不同层面、不同阶段的实训实习需求，实现学校和岗位之间的无缝对接。

第四，积极开展产教融合的培养计划，提高学生的实践能力。金字塔理论证明：学习后立即应用的效率最高，产教结合是通过学习金字塔原理开发的教学模式。一是学生到托育机构进行实践锻炼，真正参与托育机构的实际教学过程，了解自身所需要的技能和技术；二是高职院校可以聘请托育服务行业有丰富经验的优秀教师为学生进行教学和培训；三是教师也要深入了解托育机构的实际操作，完善教学方式、课程安排和评价体系，使教学更加贴近托育机构的实际要求。产教结合可以解决托育专业教育理论和实践脱节的问题，提高高职院校教育质量，是今后托育专业发展的有效途径。

4.调整传统教育模式，构建健全的教考体系

在优化课程设置的同时，增加实践课程教学的比例。托育专业不仅需要教师关注学生的理论考试结果，还需要帮助学生不断实践处理问题的方法，不断调整、改进目前的教学方式，努力创新多种教学形式，如模拟训练、分组合作等，着重开发学生的创造能力和动手能力，帮助学生理解和运用婴幼儿教育的理论知识，将实践课程和理论课程相结合进行综合教学，在传授学生专业知识的同时，提高学生的实践能力，让实践过程有的放矢，促进学生全面发展。

此外，完善教学评判体系标准。教师可以设置多样化考核方式，把创新思维、实践能力等纳入评价标准，在要求学生掌握理论知识的同时，增加笔试与模拟训练相结合、试卷与实践考核相关联等新型考核标准，把平时表现和实践结果加入学生总成绩的计算条件。这有助于学生进一步提高职业素养

和专业技能，并增强学生的动手操作能力，为学生今后进入托育机构工作打下坚实的基础。

二、建立健全托育服务人才资格准入和职业认证制度

1.加快顶层设计，明确专业标准

专业标准是人才培养工作的引领，要提升高职院校托育专业人才培养的质量，第一要务就是以托育行业人才需求为专业育人的出发点和落脚点，明确专业标准。要改变目前托育专业人才培养标准各行其是、缺乏同质性的现状，必须由政府牵头，开展广泛深入的调研，吸纳发达国家建立托育师资培养体系的成果，参考制定并出台《幼儿园教师专业标准（试行）》的经验，加快加强顶层设计，制定并实施国家层面的托育师资专业标准和职业资格准入标准，对托育师资的培养目标、职业能力、职业素养、技能证书等进行统一规定，确保高职院校在专业招生、制定人才培养方案、设置课程、组织教学、开展教学评价等方面有据可依，提高人才培养与行业需求的对应性，为托育行业发展打造"师德高尚、技能精湛"的高素质师资队伍。

同时，尽快建立统一规范的托育服务人才资格认证标准与程序，明确托育师资的角色区分，合理确定不同类型托育机构、不同岗位托育服务人员的评价重点，制定资格考试内容及考核形式，立足托育服务人才专业可持续发展，注重考查托育服务人才的道德修养、理论素养和实践应用能力，充分保障托育服务从业人员的专业性。

2.多方协同，打造托育专业师资队伍

教师是教育活动的核心力量，其职业素质决定了人才培养的质量。职业教育旨在培养技能型人才，因此，托育专业教育的师资不仅要具备一般的教学能力，还要具备丰富的职业岗位实践经验。德国的职业教育之所以成为全球典范，是因为其师资队伍由职业学校教师和企业实训教师共同组成，形成了高水平的师资队伍。针对托育专业师资实力的提升，需要院校、医院、托

育机构等多方合作，共同打造具备医护、保健、教养核心技能的专兼职混编团队。高职院校应坚持"引聘名师、培养骨干、专兼结合、学科互补、理实相长"的原则，积极拓宽师资队伍的来源，提升教师团队的综合素养，并实施团队教师任务分工、职责共担、主动沟通、相互配合的协作机制。

首先，在教师团队的构建方面，高职院校应招聘博士学位或高级职称的高层次人才、聘请学术权威来提升团队的理论水平，同时聘请行业专家、企业精英来增强团队的实践能力，并引进行业的新成果、新动态，以推动专业建设的新发展。

其次，在教师团队的培养方面，高职院校应鼓励专任教师参加各级各类的培训研修，提升专业理论知识的教学能力，同时通过企业实践、挂职锻炼等方式熟悉行业企业一线工作，以提升专业实践技能的教学能力。并且，将这些考核与评优评先、职称职务的晋升挂钩，以激发教师自我提升的积极性。高职院校也应为兼职教师提供形式多样、时间灵活、自主选择的线上、线下的教学能力提升培训，并为外聘教师配备由专任教师担任的"助教"，帮助他们更快更好地适应教学岗位。同时，采取专兼结对、新老拜师等措施，促进专兼职教师的学习互补，加快推进"双师型"教学团队的建设。

最后，在教师团队的协作方面，可以根据教师的能力水平、特长优势，进行合理分工和协作。高职院校可以聘请政府代表、学术权威、行业专家与校内专业带头人、专业负责人共同组建专业建设指导委员会，动态修订、完善托育专业人才培养方案、课程体系、课程标准。同时聘请企业精英与专任教师共同实施"双导师"教学，指导学生的实践实训课程、顶岗实习、职业技能大赛、创新创业训练项目。这样的团队组合能够充分发挥各自的优势，提高托育专业教育教学的成效。

3.加强托育师资在职培训，建立规范职后培训体系

OECD 普遍认为职后托育从业人员的专业发展是提升托育过程质量的长期战略。政府应鼓励各托育机构从业人员与托育机构、幼儿园、高校和科研团体等构建长效联动机制，以促进不同岗位、不同发展阶段托育师资的专业

发展，在不断的合作与反思中提高托育过程质量。

第一，提高托育师资的准入门槛。把好人才入口关，提高准入门槛是保证托育师资质量的重要手段。在奥地利，婴幼儿职前教师需要在联邦教育的计划下完成 5 年的职业培训，在学习第五年，奥地利的有些地区需要完成理论和实践课程的培训，理论课程需要 300 小时，实习时间需要 160 小时。在葡萄牙，婴幼儿的职前教师必须具有本科或者硕士以上的学位，并拥有儿童发展的专业资格。冰岛对于托育教师的职前要求非常严格，要求只有具有正规大学硕士学位，并获得国家教育、科学和文化部颁发的证书，才能使用"幼儿教师"这个职业头衔，而且法律对教师教育计划的要求也有详细规定。在芬兰，所有职前的托育师资都必须满足《儿童日托法令》《社会福利专业人员资格要求法》《关于社会福利专业人员资格要求的法令》等早期保育与教育政策的规定，任何日托中心每三名托育教师中必须有一位教师拥有高等教育程度的学位（教育学士、教育硕士、社会科学学士），且每三名托育教师中必须有两位教师拥有中学程度的教育资格。

第二，加强职后托育师资的培训。持续的职后师资培训对于促进托育教师的过程质量和专业发展具有重要意义。在芬兰，托育师资的培训是建立在多专业团队协作的基础上，根据 2018 年《早期教育和保育法》，每个团队由两名教师和一名儿童保育员或一名教师、一名社会教育工作者和一名儿童保育员组成，并以合作的方式对托育师资进行培训。在比利时，大部分日托中心与校内或校外的课后照管服务合作，托育教师必须接受至少 90 天的培训。在法国，法律规定职后的托育教师需经过 120 小时的培训。爱沙尼亚也对职后托育教师的培训提出了规定，要求其每年至少参加 5～90 小时的培训活动。日本于 2017 年颁行《保育士职业生涯研修指针》要求保育士每年要参加各领域的培训时间至少为 15 小时。国内可以在借鉴国外职后培训的基础上，创新培训形式，采取线上线下相结合的方式，来加强托育从业人员培训。鼓励开发具有创新性的直播技术生态平台，实现托育师资的互联网化教学，进而形成线上+线下的双师培训模式，提升培训效率并实现终身学习。

三、提高托育师幼比例，优化师幼互动

托育质量一般分为结构质量和过程质量。结构质量为婴幼儿托育过程提供总体框架，宏观层面包括机构的监测和报告、资金安排、教师资质、班级规模、师幼比等；微观层面包括确保婴幼儿身体健康和安全的服务管理等政策。过程质量反映婴幼儿一日生活的质量，包含社会、情感、身体以及教学等因素，是以师幼互动为核心的过程性特征。其中，过程质量是托育质量评估的重要组成部分，也是婴幼儿学习和获得幸福感的近端驱动因素，能够影响和预测婴幼儿发展。

根据心理学中的依恋理论，0～3岁婴幼儿与看护人之间建立安全型依恋关系十分重要，不安全的依恋关系会影响儿童后期的发展水平。因此，0～3岁婴幼儿在托育机构中与教师之间能否形成高质量的互动则至关重要。

1.提高托育师幼比例以促进过程性托育质量提高

托育师幼比是实现过程性托育质量的重要保障。研究显示，更高的托育师幼比例与更高的过程质量有关。较高的托育师幼比例意味着教师可以更多地关注婴幼儿，同时可以减少教师的工作量，增强托育教师与婴幼儿之间的互动性。特别是在0～3岁，托育师幼比例的高低显得尤为重要。在OECD国家中，各国托育比例有严格的规定，在英国，2岁以下的托育师幼比例为1∶4，2岁的托育师幼比例为1∶4，3岁及以上的托育师幼比例为1∶5。在澳大利亚，0～2岁的托育师幼比例为1∶4，2～3岁的托育师幼比例为1∶5，总体托育比例控制在1∶5。在挪威，3岁以下托育师幼比例为1∶3。在葡萄牙进行的一项研究中，研究者通过两次实验纵向收集数据，审查了婴幼儿与工作人员的比率和过程质量。结果表明，随着时间的推移，托育教师与婴幼儿比例的降低与游戏小组中教师与婴幼儿互动质量的下降有关。不论是各国的托育比例的制定，还是经过实验的证明，都表明较高的托育师幼比例可以促进过程托育质量的发展。

2.优化师幼互动以提升过程托育质量

加强师幼互动是保障全过程托育质量的核心，是提升托育服务质量的重要内容。OECD 关于师幼互动的优化举措主要体现在持续性的师幼互动以及托育教师支持儿童和材料之间的互动。如挪威颁布的课程框架指出托育中心的首要任务是提供亲密的照料，确保满足儿童的敏感性、同理心和互动，根据婴幼儿个人的能力，托育教师要提供一个丰富的、多样化的、刺激的和具有挑战性的教学环境来支持婴幼儿之间的互动。从北欧国家关于欧洲经济共同体的指导文件可以看出，在教育和保育方面，教师必须确保婴幼儿在室内、室外的社会和物质环境中保持健康与安全。婴幼儿在与教育者、材料及环境密切互动的过程中，不仅仅会进行言语上的互动、交流和参与，还会通过身体行动实现互动行为，如肢体动作、身体姿势、手势和面部表情等。由于婴幼儿渴望探索周围环境，需要在互动中表达自我并促进学习，托育教师必须了解婴幼儿的发展特点，给予相应的支持，使托育过程质量得到最优化发展。

综上所述，要提升托育专业建设水平和人才培养质量，需要长期的探索、创新和完善。必须以专业标准的明确为前提，以师资队伍建设为保障，以教学资源建设为抓手，推动托育专业教育教学水平的不断提升，为打造我国高素质的托育人才队伍做出贡献。

第十一章　新时代托育服务人才激励

第一节　托育服务人才激励的理论基础

基于前文所述的有关激励理论的研究，我们知道，激励就是关于如何了解人才的真实需求、制定相关激励措施，以调动人才积极性的原则和方法的概括总结。激励的目的在于调动人才的积极性和创造性，以充分发挥其潜能，取得更大的成绩。

对此，很多学者从行为科学和心理学的角度对激励进行了研究（前文已有专门的篇章做了论述），认识到人的行为是由动机决定的，动机是由人的需求决定的。因此，有效的激励最根本的就是正确了解激励对象的需求。每个人具有不同的需求，可以通过制定措施满足一定需求，进一步调整动机，进而引导人的行为。

对企业来说，激励对象是企业的员工。不同职位、岗位和级别的员工的需求是不同的，基层员工最大的需求可能是薪酬、福利，而对于理论技术达到一定水平的专家级员工来说，成就感可能是其最大的需求。人才激励就是根据人才的不同需求，赋予人才完成既定目标所需要的动机或动力。它通过一系列措施启迪和引导人的心灵，激发人的动机，挖掘人的潜力，使之充满内在活力，具有不断探索创新的能量和动力。

一、人才激励的原则

激励是一门学问，科学地运用激励理论，可以有效地激发员工的潜力，使组织目标和个人目标在实践中达到统一，进而提高组织的经营效率。正确的激励应遵循以下原则。

1.物质激励与精神激励相结合

西方心理学家马斯洛的需要层次理论，把人才的需要分为五个层次：即生理的需要、安全的需要、归属的需要、尊重的需要、自我实现的需要。显而易见，生理的需要和安全的需要是物质的需要，属于低层次的需要；而其他的高层次需要则是精神属性的需要。物质激励主要是通过经济手段激发人才的潜能，从而调动积极性；而精神激励主要是通过理想、成就、荣誉、情感等非经济手段激发人才的潜能，以此调动他们的积极性。物质生活需要虽然是属于低层次需要，但却是人才的最基本的需要。过去人才队伍的诸多问题，很大程度在于人才待遇比较低，往往过分强调精神感召和道德说教，忽视了物质激励的杠杆作用，所以，必须加大物质激励力度。然而，物质激励并不是解决所有问题的灵丹妙药，特别是对于那些崇尚清贫和甘于简朴的优秀传统人才，物质激励的作用有限，仍然需要精神激励的支持。物质激励和精神激励是两种激励模式，它们互相补充，相辅相成。因此，在人才管理中，应进一步调整好物质激励与精神激励的关系，将两者有机结合，全面实行同步激励，切实激发人才的积极性、主动性和创新性。

2.外在激励与内在激励相结合

社会的发展、经济的增长以及企业的成功都离不开一支高质量的人才队伍，而人才作用能否发挥、发挥的作用大小与对人才的激励密切相关。激励包括外在激励和内在激励。外在激励是一种重要的激励方式，它虽然能对人才产生一定的激励作用，但很难激发他们的内驱力。内在激励则主要来源于工作活动本身，是发自内心的一种力量。实践中，往往是内在激励使员工从工作本身取得了很大的满足感。如工作中充满了兴趣、挑战性、新鲜感；工作本身具有重大意义；工作中发挥了个人潜力、实现了个人价值等等，对员工的激励最大。所以想让激励对人才产生更大的作用，还需对人才个体实施内在激励，如果能将外部激励与内在激励有机结合起来，效果无疑会非常好。当然，外在激励可以为内在激励提供基础，内在激励的发生往往是外在激励的结果。内在激励一旦发挥作用，会增强外在激励的效果，这两者之间相互促进、相互提升，共同推动人才潜力最大限度地发挥。

3. 组织需要与人才个体需要相结合

激励的目的是通过一定的激励措施，提高人才工作的积极性，发挥他们的创造性，从而实现组织目标。组织对人才的激励要达到良好的激励效果，必须与人才个体的目标相一致。这种结合是实现人才与组织"双赢"的根本，是人才得以发展、组织得以前进的保障。由于人才的需求是多样的，与组织的目标可能并不一致，因此，人才在考虑个体需要的同时，要多体谅一下组织的实际，多考虑一下组织的发展。人才只有与组织所需紧密结合起来，用自己的才能与本领为组织服务，才能使自身的才能得以充分发挥。组织也要多了解人才的需求，从而在实现组织目标的同时，满足人才的需求。

二、人才激励的作用

1. 调动人才的积极性，开发人才的潜力

激励是调动人才积极性的重要手段之一，激励的程度将直接影响人才的潜能发挥。有研究显示，如果没有足够的激励，人才仅能发挥 20%~30%的潜能；如果激励足够充分，人才就能发挥 80%~90%的潜能。其中的差距就是激励的效果所体现出来的。通过激励，一方面，可以推动人才最大限度地运用其专业技能，从消极转为积极，由被动变为主动，确保工作的有效性和高效性。另一方面，激励还能够进一步激发人才的创造力和创新意识，全面激发人才的活力，更深度地挖掘人才培养的长期潜力。

2.提高人才的素质，实现组织的目标

从人才的素质构成来看，虽然其具有双重性，既有先天因素，又有后天影响，但从根本意义上讲，主要还是取决于后天的学习实践积累。通过不断的学习实践积累，人才的素质才能提升，人才的社会化过程才能完成。人才个体为了谋求组织目标的实现，不但能改变其行为手段，而且通过学习能改变其行为方式。这种改变也意味着人才的素质发展到更高的水平。当然，学习和实践的方式与途径是多种多样的，但激励是其中最能发挥效用的一种。通过激励来引导和调整人才的行为趋向，会给学习和实践带来巨大的动力，进而有助于人才素质的不断提高和组织目标的最终实现。

3.提升人才对组织的忠诚度，吸引和保留优秀人才

提高人才对组织的忠诚度，目的是要在组织内形成一种凝聚力，以留住那些真正符合组织价值观和发展需要的人才，并培养他们对组织的奉献精神。有效的激励是组织提升人才忠诚度的有效方式之一。激励作为一种工具，需要组织巧妙灵活地运用，不但要掌握适当的频率，还要在形式上加以创新。在激烈的市场竞争中，只有通过有效的激励，才能提升人才对组织的忠诚度，组织也才能不断吸引和留住优秀人才。

三、解决企业人才激励问题的途径

企业人才激励问题是企业人才管理的重要问题之一，要解决好这个问题，必须按照建立健全现代企业制度的要求，科学系统构建全流程、全节点人才激励管理体系。

1.动态调整激励举措

在设计人才激励机制的过程中，马斯洛的需求层次理论为我们提供了科学的指导，用以解释人才的行为。现代管理学普遍认为，个体的需求影响动机，动机驱使行为，而行为则决定结果。在处理人才这一特殊群体时，我们必须意识到他们的需求层次更为丰富，而且这些需求是不断变化的。因此，

企业在设计人才激励机制时不仅需要满足他们的物质需求，还要满足他们的精神需求。同时，激励举措还需根据人才在不同位置、环境以及需求层次体系中对低层需求的满足程度进行动态调整。在处理个性和共性之间的平衡问题时，需采取因材施教、因情施策的策略。只有在把握时机、了解激励对象的需求，满足他们最紧迫的愿望时，激励才能够取得最佳效果。如此，才能够满足不同人才群体不同层次的需求，从而获得持久的动力。

2.设置正确的激励目标

在运用弗洛姆期望理论时，应当看到，同一项活动和同一个激励目标对人才的效价与一般员工是不一样的，企业应当着重做好对人才群体的激励措施。设置激励目标时，应尽可能加大其效价综合值，综合值将大大提高激励力量，如当月的奖励不仅提高当月的待遇，而且还与全年总奖挂钩，其效价将显著提高。再如，可根据企业运营中的需要，适时针对人才群体开展短期攻关竞赛活动，设立恰当的激励目标和激励措施，并适当控制绩效标准，既不能太低也不能太高，使他们既感到"跳起来，就能摘到桃子"，又能认识到自身价值的实现。

3.激励要公平公开公正

在某些实行了几十年计划经济体制的企业中，存在着一种比较突出的观念，即"不患寡而患不均"。这种有害的观念如果扩散到企业的人才之中，将导致"相安无事，一起下课"的所谓公平。公平理论中影响激励效果的不仅有报酬的绝对值，还有报酬的相对值，这一理论提醒我们，对某些企业来说，在面向竞争、面向市场、面向客户的营销体制改革中，更要注意分配的公平是一个强有力的激励因素。首先要确立组织的价值观念，统一对公平的认识。要建立普遍的公平感，使员工对公平的认识统一，破除"大锅饭"的平均主义观念，使员工认同以绩效为基础的分配方式是当下的最佳选择。其次，要建立合理的绩效评价体系。有了公认的公平观念还不够，还要有可供操作的绩效评价体系等，制订衡量贡献的尺度和标准，同时使员工了解企业是如何定义和评估绩效的。还要坚持公平公开的原则，使分配的程序公平，公布考核标准和分配方案，使多得的员工理直气壮，少拿的人也心服口服。

4.奖励和惩罚都有激励作用

强化理论告诉我们一个重要观点，奖励和惩罚都有激励作用。强化理论将强化划分为正强化和负强化，即员工符合企业发展目标的期望行为应得到奖励，相反，则给予惩罚，杜绝违背企业发展目标的非期望行为的发生。管理的手段如果只有以奖励为目标的正激励，势必导致混乱。《华为基本法》曾明确："认真负责和管理有效的员工是华为最大的财富。尊重知识、尊重个性、集体奋斗和不迁就有功的员工，是我们事业可持续成长的内在要求。"这是斯金纳强化理论关于以正强化为主兼以负强化思想的体现。

5.要以事业、待遇和文化留住人才

事业是留人的基础，只有宏伟的事业，才能够保持对人才的吸引力，只有搭建充分展示人才能力的大舞台，才能体现出人才的价值，实现他们的人生理想。待遇是人才事业成功与否的标志之一，用人必须体现"多劳多得，优质优价"，人才的切身利益必须得到保障，人才的市场价值必须得到充分体现。企业文化是留住人才的潜在力量，文化留人关键之一是确立企业目标，以此来调整个人目标；之二是引导人才进行职业生涯的设计，关心帮助人才职业生涯的实现。唯有如此，个人才能完全融入企业之中，才能真正做到与企业"风雨同舟"。

第二节　托育服务人才激励机制的构建

建立有效的人才激励机制对托育企业的发展至关重要，对托育服务质量的提高至关重要。如果说人才培养模式解决的是"培养什么样的托育服务人才"的问题，那么，人才激励机制解决的就是"怎么把引进或培养的托育服务人才留下来"的问题。二者相辅相成，共同为托育服务的高质量发展提供人才保障。

一、人才激励机制的关键环节

所谓人才激励机制就是长期以来以激励人才为目的而建立的制度、程序及工作模式。一个有效的人才激励机制必须处理好科学评价、公平竞争、因材激励三个环节。其中，科学评价是前提，公平竞争是根本，因材激励是关键，如图 11-1 所示。

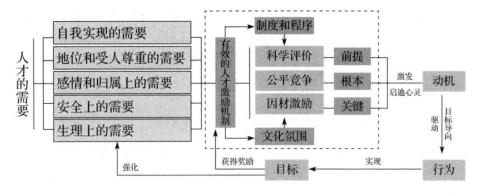

图 11-1　激励过程

1.科学评价

可以这样说，没有科学的评价就没有有效的激励。探索建立企业人才评价标准，逐步形成由市场评价、主管评价、专家和技术评价、群众评价、业绩评价等构成的人才评价考核体系，完善科学、客观、公正的评价考核制度。对专业技术人才的评价，要建立以业务水平和工作业绩为核心的考核评价指标体系，并区分不同专业、不同层次岗位，细化为相应的考核评价标准。对经营管理人才的评价，要制订管理人才核心能力评价标准体系，突出核心能力和工作业绩关键指标，把人才评价与德才考察、绩效考核结合起来，构建包括"政治辨别力、工作推动力、持续创新力和自我控制力"为主要内容的核心能力标准及评价考核体系。对技能人才的评价，要建立技能人才考核标准和考核档案，将其技能、业绩及职业道德的评价考核结果作为续聘、解聘的主要依据。

2.公平竞争

人才在竞争中成长，在竞争中发展。创造公开、公平竞争的条件，有利于人才脱颖而出，充分施展才能，加快人才成长。通过全面引入竞争机制，加大人才竞争力度，通过竞争发现人才、使用人才和造就人才，使想做事的有机会、能做事的有舞台、做成事的有位子。坚持"公开、平等、竞争、择优"的原则，坚决破除机制性障碍，打破身份界限，推进竞争上岗，逐步建立公平竞争、优胜劣汰的动态用人机制。同时，建立合理的、可供操作的绩效评价体系，制订衡量贡献的尺度和标准，同时使员工了解企业是如何定义和评估绩效的。

3.因材激励

根据人才的不同特点和需要，激励和引导他们走适合自己发展的道路。每个人的能力都有不同于他人的特点，有善于组织管理的，有长于科学研究的；有勇于开拓创新的，有善于精雕细刻的。如果不了解这些差别，不因人因需激励，就不可能取得理想效果。领导才能、管理才能是一种特殊的本领，专业技术才能同样是一种特殊的才能。在实际工作中，一个专业技术人才做出成绩，上级表示信任、嘉奖的方式，往往是提拔其为领导者。提拔员工成了许多企业尤其是科研单位人才管理最有效的激励措施之一。这种激励措施在提升人才的积极性和主动性方面有一定的推动作用，但也会造成人才的浪费。因为担任领导职务的部分人才刚刚在业务上有所造诣，一旦走上领导岗位，便频繁地在会议、文件及社交活动中疲于奔命，不但荒废了专业，有的甚至变得非常平庸，无论对个人、对单位，甚至对国家都是一个不小的损失。为了避免人才走入这样的怪圈，必须深入研究人才，依据人才特长，通过切实有效的物质激励和精神激励措施，引导、鼓励他们走适合自己的发展道路。

二、托育服务人才激励机制的构建

高素质的托育服务从业人员队伍是高质量托育服务的根本保障。2021 年，国家发改委社会司司长欧晓理在接受央视财经频道采访时表示，到 2025 年，托位数要达到 600 万个，大概有百万级的抚育师需求。中国要补足数量庞大的托位缺口，除了提高人才培养和培训能力，增加托育人才供给外，还要充分借鉴国际经验，从加强职业规划、提高收入、提高社会评价等方面入手，增加托育服务工作对人才的吸引力，减少托育人才的流失。

1.加大财政支持

无论是政府部门，还是企业，都要将人才发展作为财政保障的重点，优先保证对人才发展的投入，应安排部分经费用于托育服务人才培训和激励。政府通过较高的财政投入来确保训练有素的托育服务从业者拥有良好的薪酬水平与工作环境，增强职业吸引力。如 2015 年瑞典幼儿教师月平均工资为 28000 克朗、与义务教育阶段教师的工资持平，但明显低于高中教师的 31900 克朗。因此，瑞典于 2016 年发布《提升教师工资待遇的管理条例》为幼儿教师每月发放 2500～3500 克朗的补助。

2.加强物质奖励，提高托育服务人才待遇

托育服务需要优质的教育资源，儿童的早期发展也需要优秀的人才资源，然而，优秀的大学生却很少有愿意做教师的，特别是幼儿教师，更别说托育服务中的保育员了。原因就在于压力大，但收入低，付出与所得不成比例。要想让大家都喜欢这个职业，愿意从事这个职业，就必须提高这个职业的待遇和薪酬。待遇不是留住人才的唯一途径，但却是不可或缺的。对于托育服务人才来说，就是要建立科学合理的托育服务人才待遇基线制度和绩效工资制度，合理制定托育服务人才工资标准和补贴制度。落实托育服务人才的社会保障制度，通过以奖代补或购买服务的方式鼓励支持托育机构为人员缴纳足额的"五险一金"，依法保障托育服务人才合法权益。

3.设计以人的全面发展为中心的职业生涯发展规划

人才激励体系将"人力"看作"资本"，因此，要把教育培训作为一种报酬手段，让员工得到智力资本，保证其"人力"成长为"资本"，达成企业与员工的双赢。这就需要做好托育服务人才的职业生涯规划设计和培训提升。即设计一个合理的满足企业发展需要和员工个人成长需要的职业发展通道，使员工看到职业发展的目标和希望。一方面有利于企业收获人力资本的长期可增值性；另一方面，可以帮助托育服务人才从丰富的职业生涯中获得事业成就感，从而提高其工作满意度和对公司的忠诚度，使其不断向看得见、够得着的目标迈进。基于此，相关部门应协同研究，推动建立托育服务人才岗位晋升制度，形成可持续的制度安排，切实增强职业吸引力和从业荣誉感，提高托育人才队伍的稳定性。

就高职院校来说，要在托育专业学生入学时就融入职业规划课程，引导其树立正确的职业价值观。在日常教学当中，通过开设就业专题讲座、信息咨询栏目、宣传板展览、模拟面试等，对学生就业和职业生涯方面进行专项指导，渗透职业价值观的内涵，为其树立正确的职业价值观打下良好的基础。

就企业来说，托育机构必须承担员工在职培养的职责，包括和员工共同确定职业发展目标、指出能力短板、制定培养计划（IDP）、给予培训支持等，激励员工不断努力。

4.完善情感激励机制

每个员工都渴望得到尊重、认同、赞许、理解、关心、关爱、体贴，都有一种归属心理。情感激励的核心旨在从人之常情出发，关心员工生活，努力为其营造宽松和谐的工作环境，增强企业的亲和力。情感激励能有效弥补制度管理的不足，变消极为积极，化被动为主动。要有效地实行情感激励，需要做好以下工作：

一是重视情感投资。每个人都有被尊重的需要和与人交往的需要。在很多情况下，情感的交流比行政命令和上级对下属的指挥显得更有影响力和号召力。因此，上下级之间除了具有行政关系所决定的层属关系外，更应当创造荣辱与共、情感交融的氛围。情感激励的实质就是通过情感来赢得民心，形成强大的凝聚力。

二是营造和谐氛围。实行情感激励，要充分认识到"人和"的地位和作用，积极营造"和"的氛围，以此达到"人心齐，泰山移""家和万事兴"

的效果。通过"和谐"，将企业全体员工紧紧团结在一起，产生巨大的精神力量，使企业充满生机和活力。

三是困难之时真心相帮。解人于危难是最能感动人、激励人的。人在危难之时，如果能感受到充分的理解、关爱和信任，这种情感激发出的积极效应是巨大的。当一个人在组织中体验到一种获得感时，这个人就会焕发出对于组织的信任，更能激励他们对于组织的奉献精神。

四是注重心理方面的疏导。建立有效的心理疏导机制，为托育服务人才建立疏导不良情绪和不满情绪的出口。通过建立心理档案，定期开展心理测评等，关注托育服务人才的心理健康，以保证他们能以良好的心态、平和的情绪担负起0~3岁婴幼儿的照护责任。

5.构建"和谐共生，共享共赢"的企业文化

企业文化代表了企业的精神财富，是企业发展的动力源泉。塑造积极的企业文化有助于托育服务人才产生文化认同感和集体归属感，成为其工作的强大动力，激励其付出更多的努力。托育机构通过加强企业文化的建设，可以提高托育服务人才的团结力和责任感，是实现企业经济效益和社会效益的有效途径。在管理方面，即使是出色的公司也不可能在制度上做到完美无瑕。因此，管理者需要努力营造员工自律的文化氛围，从关心员工、了解员工和团结员工出发，提出工作建议，针对工作态度，如责任心、敬业精神和团队合作等，进行互动式讨论，鼓励肯定员工的出色表现并提出改进措施。通过员工的个人工作优化推动团队工作的优化，提高组织和员工的工作效率。

6.打造人才服务配套环境

"欲致鱼者先通水，欲致鸟者先树木。水积而鱼聚，木茂而鸟集。"环境就是吸引力，环境就是竞争力。既要注重托育服务人才"硬环境"的改善，更要注重"软环境"的优化，努力为托育服务人才营造一个具有安全感、获得感、幸福感的和谐环境，激发托育服务人才敬业、乐业、精业的兴趣和持续学习力。

综上所述，托育企业只有将科学的激励原理运用到解决实际问题当中，

并结合企业运营的实际，努力改进、完善和建立新的人才激励机制，从而选好人才、用好人才、育好人才、留住人才，才能保证企业长盛不衰，实现托育服务的高质量、可持续发展。

第十二章　结论与展望

第一节　研究结论

经济发展和增长离不开人才，人才的培养始于儿童。本书以托育服务人才的培养与激励为视角，从理论与实证层面探讨研究了新时代背景下人才培养与人才激励对托育服务高质量发展的核心作用，由此形成的主要结论如下。

一、人才是人力资本的重要携带者

人才是人力资本的重要携带者，人才的培养、训练是一个长期的过程。也就是说，人才的人力资本积累贯穿其整个职业生涯乃至整个生命过程，是一个长期且没有终点的过程。人力资本经过后天投资（教育、培训、干中学等）形成，不同时期同一人力资本载体所拥有的人力资本价值是不同的。当今社会已进入信息时代，知识和技术的更新一日千里，要想立于不败之地，就需要充分调动人才的积极性、主动性和创造性，持续对人力资本进行投资，以赶上知识更新的速度，保证人力资本价值不贬值。作为一种资源，人才不仅具有价值性，而且在经济活动中还可以带来价值的增加，是一种活资源。

二、儿童人力资本积累是一国未来经济社会可持续发展的关键支撑

早期教育对儿童人力资本积累的重要性已经达成共识，幼儿出生后的1000天被视为影响未来长远发展的关键阶段或"窗口期"，这一阶段投资的终生回报率最高。托育服务发展不仅仅解决幼儿照料问题，同样也发挥早期教育开发的重要功能，尤其高质量的托育机构和服务更为重视早期教育，这对于儿童未来认知能力、情感能力发展和社会适应能力具有积极作用。

三、托育服务发展对于儿童人力资本积累发挥了中长期影响

儿童养育与早期教育是一个连续的过程。入园率被视为学前教育和早期教育发展的重要指标，对于一国未来人力资本积累和经济可持续发展具有重要意义。OECD国家的经验表明，0～2岁幼儿入托率高低很大程度上影响了后一阶段3～5岁儿童入园率水平，两者之间呈现递增的正相关关系，这意味着提高入托率能够很大程度上保证更高的入园率。人力资本是一个逐渐积累的过程，教育也是生命周期中的连续过程，高质量的儿童养育不仅对于当前阶段，对于未来人生发展阶段也具有积极影响和深远影响。

四、人才培养是促进托育事业高质量发展的核心和关键

托育服务人才是托育质量的核心与关键，是关键的人力资源，需要通过职业教育、高等教育体系加强专业人才培育，加强培训基地建设。通过发展壮大育儿师专业人才队伍和人才储备，确保未来托育机构科学适当的师幼配比，提高托育服务质量。

五、完善人才激励机制是托育事业高质量发展的有力抓手

托育服务需要优质的教育资源，儿童的早期发展也需要优秀的人才资源，然而，优秀的大学生却很少有愿意做教师的，特别是幼儿教师。更别说托育服务中的保育员了。这和托育服务工作繁琐，需要极大的耐心和爱心但实则工资低，待遇差不无相关。要想让大家都愿意从事这个职业，就必须完善这个人才的激励机制，让人才"名利双收"。做到一流人才一流待遇，特殊人才特殊待遇，让人才有成就感、获得感。

第二节　研究不足与展望

一、研究不足

影响托育服务高质量发展的因素还有很多。本书仅从托育服务人才的培养与激励出发，进行了详细阐述，不免挂一漏万，托育服务行业因直接关系到孩子的健康成长，影响到人民群众的幸福感，获得感，牵一发而动全身，故需多方配合协调，在师资力量、课程体系、行业监管、财政投入等多方面强化保障机制，营造一个良好的生态系统。

本书试图采用科学合理的方法，通过多组数据和多个视角对人才与托育服务高质量发展特别是托育服务人才进行较为深入细致的研究。但在研究视角、研究内容、研究数据和研究方法上仍存在一定的不足，这些局限也是未来相关研究需要考虑和解决的重要问题。

二、展望

托育服务事业和托育服务市场的健康发展都需要一个良好的生态系统，

有必要在师资力量培养、课程体系构建、行业监管、财政投入等方面强化保障机制，充分发挥学校、家庭、社会各自的教育优势，利用社会资源形成教育合力，促进学校教育、家庭教育、社会教育的一体化。

一是育儿师资培训体系。托育师资队伍是关键的人力资源，需要通过职业教育、高等教育体系加强专业人才培育，加强培训基地建设。通过发展壮大托育师资专业人才队伍和人才储备，确保未来托育机构科学适当的师幼配比。

二是托育内容和课程方案。注重在认知能力、非认知能力以及营养健康等方面研发高质量、高水平的课程体系和培养方案，高等教育和中职教育需要加强 0～3 岁婴幼儿早期教育和学前融合教育专业建设。

三是行业标准与监管体系。托育服务行业的标准规范和监督管理需要政府部门、行业协会和科研机构共同努力，托育机构设置标准要综合考虑地区发展水平、人口密集度、区位特征等差异，标准设置重点关注服务质量和安全要求，避免过多干预服务边界和范围。

四是财政投入与补贴标准。对于公共托育机构和普惠性的托育机构，政府要在财政经费上给予优先保障，对于家庭层面的托育服务支持政策需要根据经济社会发展水平和养育成本实际负担确定一个合理标准，并进行动态调整。

五是政府托育服务发展规划的合理引导。《中华人民共和国第十四个五年规划和 2035 年远景目标纲要》已经明确将婴幼儿托位数纳入规划目标，可以预见，未来五年托育机构供给将出现一个迅猛发展期，但政府规划目标应该注重"预期性"和"引导性"，避免"一刀切"式的行政干预和层层"加码"，避免导致政府行为扭曲和资源浪费。

总之，新时代人才培养与托育服务高质量发展是一项长期而艰巨的任务。需要全社会共同努力，从政策、资源和服务品质等多个方面入手，探索实现高质量发展的路径和策略。同时，我们也要关注实际案例中的成功经验和实践策略，为人才培养与托育服务高质量发展提供借鉴和启示。

　　在未来的发展中，我们将面临更多的机遇和挑战。如何更好地适应时代的变化和社会的发展，进一步提高人才培养与托育服务的质量和水平，是我们需要持续关注和研究的重要课题。让我们携手共进，为新时代的国家发展和民族复兴贡献力量。

参考文献

[1] 李晓艳.学前教育专业人才培养的理论与实践[M].北京：中国书籍出版社，2020.

[2] 李道永.所谓管理好，就是会激励：员工激励的 100 个关键问题 [M].北京：中国友谊出版公司，2018.

[3] 张晓谦.高技能人才培养模式与途径研究[M].哈尔滨：黑龙江人民出版社，2009.

[4] 宋成一，王进华，赵永乐.领军人才的成长特点、规律与途径：以江苏为例[J].科技与经济，2011（12）：92-95.

[5] 李沛霖，王晖，丁小平，傅晓红，刘鸿雁.对发达地区 0～3 岁儿童托育服务市场的调查与思考——以南京市为例[J].南方人口，2017（2）：71-80.

[6] 刘中一.从西方社会机构托育的历史趋势看我国托育机构的未来发展[J].科学发展，2018（3）：42-48.

[7] 杨菊华.理论基础、现实依据与改革思路：中国 3 岁以下婴幼儿托育服务发展研究[J].社会科学，2018（9）：89-100.

[8] 李雨霏，马文舒，王玲艳.1949 年以来中国 0～3 岁托育机构发展变迁论析[J].教育发展研究，2019（24）：68-74.

[9] 陈晓梅.全方位的产学研合作教育模式探讨[J].西南农业大学学报（社会科学版），2009（4）：188-191.

[10] 魏金玲.中外高职教育模式对比研究[J].哈尔滨职业技术学院学报，2008（3）：10-11.

[11]卢红学.高等职业教育人才培养模式构建论[M].桂林：广西师范大学出版社，2007.

[12]马树超，郭扬.高等职业教育：跨越.转型.提升[M].北京：高等教育出版社，2008.

[13]曹能秀，冯钊.当前日本幼儿教育改革的新动向[J].幼儿教育·教育科学，2006（2）：46-49.

[14]程志龙.我国幼儿教育面临的问题、成因和对策[J].学术界，2014(5)：207-217.

[15]何锋.英国、日本及中国台湾地区0岁～6岁托幼一体化述评[J].早期教育（教科研版），2012（1）：28-31.

[16]李惠斌，杨雪冬.社会资本与社会发展[M].北京：社会科学文献出版社，2000.

[17]刘鸿雁.0～3岁儿童托育服务与全面两孩政策专题论坛[J].人口与计划生育，2016（11）：21.

[18]杨一鸣.从儿童早期发展到人类发展：为儿童的未来投资[M]..北京：中国发展出版社，2011.

[19]张民生.0～3岁婴幼儿早期关心与发展的研究[M].上海：上海科技教育出版社，2007.